PRZEWODNIK DLA POCZĄTKUJĄCYCH PRAWNIKÓW
NAJWAŻNIEJSZE WSKAZÓWKI I ETYKIETA

Informacja o prawach autorskich

Wprowadzenie: Pierwsze kroki w legalnej dżungli

Witamy w dzikim i cudownym świecie prawa! Jeśli trzymasz w ręku tę książkę, prawdopodobnie rozpocząłeś ekscytującą podróż do zawodu prawnika i powiem ci, że jest to niezła przygoda. Chwyć więc za metaforyczną maczetę, bo zaraz przebijemy się przez gęste zarośla teorii prawa, dramatu sądowego i doradztwa dla klientów.

Zanim zaczniesz wyobrażać sobie siebie w roli kolejnego Atticusa Fincha lub Alicii Florrick, wyjaśnijmy sobie jedną rzecz: prawnicza dżungla nie jest dla osób o słabych nerwach. To miejsce, w którym zasady są śliskie jak węgorze, a każda sprawa wiąże się z nową plątaniną cierni do pokonania. Ale nie obawiaj się, nieustraszony czytelniku! Dzięki odpowiednim narzędziom, nastawieniu i odrobinie legalnej bezczelności w mgnieniu oka odejdziesz od winorośli i wygrywasz spory niczym doświadczony Tarzan (lub Jane).

W tym przewodniku będziemy Twoimi zaufanymi Szerpami, prowadzącymi Cię przez zdradliwy teren początkującego prawnika. Od dekodowania tajemniczych zwrotów łacińskich po opanowanie sztuki doskonałego argumentu końcowego – mamy wszystko, czego potrzebujesz. Zanim jednak zagłębimy się w szczegóły, poświęćmy chwilę na przyjrzenie się krajobrazowi i zorientowanie się.

Wyobraź sobie, że stoisz na skraju rozległej sawanny prawnej, ze słońcem wschodzącym na horyzoncie i rzucającym swoje złote światło na krajobraz usiany wysokimi kancelariami prawniczymi, tętniącymi życiem salami sądowymi i okazjonalnie podejrzanymi lukami prawnymi. To miejsce, gdzie twoją bronią są słowa, a każda sprawa to bitwa rozumu.

A teraz weź głęboki oddech i poczuj, jak oczekiwanie płynie w twoich żyłach. To nie jest tylko praca; to powołanie – szansa na stanie na straży sprawiedliwości, obrona niewinnych, a może nawet zapisanie się przy okazji na kawałki do historii. Pamiętaj jednak, że z wielką mocą wiąże się wielka odpowiedzialność (dzięki, wujku Ben), więc zapnij pasy i przygotuj się na przejażdżkę swojego życia.

W nadchodzących rozdziałach zajmiemy się wszystkim, od podstaw badań prawnych po niuanse etykiety na sali sądowej. Zbadamy tajniki komunikacji z klientem, zagłębimy się w mętne wody etyki prawnej, a nawet zanurzymy się w ekscytujący świat prawa międzynarodowego. Ale ten przewodnik nie dotyczy tylko przetrwania w prawnej dżungli; chodzi o rozkwit. Chodzi o doskonalenie umiejętności, odnalezienie własnego głosu i zostanie takim prawnikiem, że sam Atticus skinąłby głową z aprobatą. Zatem chwyć teczkę, naostrz ołówki i wspólnie rozpocznijmy tę wielką prawniczą przygodę.

Czy jesteś gotowy, aby zanurkować? Dobry. Ponieważ prawnicza dżungla na nikogo nie czeka, a cały świat spraw czeka tylko na pokonanie. Zatem zaciśnij mocniej chwyt tej metaforycznej maczety, drogi czytelniku, i wyrąbmy sobie drogę do prawnej chwały!

Zrozumienie swojej roli

W porządku, przejdźmy do sedna bycia prawnikiem: zrozumienia swojej roli. To poważna sprawa, więc usiądź wygodnie i porozmawiajmy. Po pierwsze – bycie prawnikiem to wieloaspektowa praca. Nie chodzi tylko o znajomość prawa; chodzi o noszenie tuzina różnych kapeluszy i wiedzieć, kiedy je zmienić. W jednej chwili jesteś doradcą, w następnej badaczem, a czasem nawet detektywem. Więc rozbijmy to trochę.

Twoim głównym zadaniem jako prawnika jest bycie obrońcą swojego klienta. Oznacza to, że jesteś ich głosem, ich obrońcą, a czasem powiernikiem. Klienci przychodzą do Ciebie, bo potrzebują kogoś, kto rozumie labirynt systemu prawnego i potrafi go przez niego przeprowadzić. Mogą stanąć w obliczu zarzutów karnych, mieć do czynienia z chaotycznym rozwodem lub próbować zawrzeć umowę biznesową. Niezależnie od ich sytuacji, zwracają się do Ciebie o odpowiedzi i wsparcie. I nie chodzi tu tylko o rzucanie żargonem prawniczym czy cytowanie ustaw; chodzi o to, aby naprawdę wysłuchać ich obaw, zrozumieć ich potrzeby i opracować najlepszy sposób działania.

Ale na rzecznictwie nie kończy się Twoja praca – to tylko wierzchołek góry lodowej. Duża część Twojej roli wiąże się z badaniami. Mówimy o przekopywaniu się przez orzecznictwo, ustawy, czasopisma prawnicze, a czasem nawet artykuły prasowe, aby znaleźć tę jedną informację, która może odwrócić losy sprawy na Twoją korzyść. Jest to skrupulatna praca, często wymagająca długich godzin w bibliotece lub internetowych bazach danych. Ma to jednak kluczowe znaczenie, ponieważ prawo stale się zmienia, a bycie na bieżąco może zadecydować o wygranej lub przegranej sprawie.

Potem jest pisanie. Oj chłopie, przygotuj się na dużo pisania. Pismo prawnicze to bestia sama w sobie. Będziesz przygotowywać briefy, wnioski, pisma procesowe, umowy i notatki, zachowując jednocześnie bardzo specyficzny styl i strukturę. Każde słowo należy dobierać ostrożnie, ponieważ przejrzystość i precyzja są najważniejsze. Nie napiszesz tutaj kolejnej wielkiej amerykańskiej powieści; tworzysz dokumenty, które mogą mieć realne, wymierne konsekwencje dla Twojego klienta.

Nie zapominajmy też o wystąpieniach sądowych. To tutaj naprawdę błyszczy urok bycia prawnikiem – a przynajmniej tak się ludziom wydaje. W rzeczywistości bycie w sądzie jest mieszaniną radości i stresu. Niezależnie od tego, czy przedstawiasz sędziemu argumenty, przesłuchujesz świadka, czy negocjujesz ugodę, Twoim celem jest przedstawienie Twojej sprawy w jak najlepszym świetle. Wymaga to nie tylko głębokiego zrozumienia prawa, ale także umiejętności samodzielnego myślenia. Sędziowie potrafią rzucać się w wir wydarzeń, obrońca strony przeciwnej może być agresywny, a świadkowie mogą być nieprzewidywalni. Twoim zadaniem jest zachować spokój, opanowanie i przekonywanie bez względu na wszystko.

Poza salą sądową pełnisz także rolę negocjatora. Wiele kwestii prawnych rozstrzyganych jest poza sądem, a to wymaga innego zestawu umiejętności. Negocjacje polegają na znalezieniu złotego środka i rozwiązania, które satysfakcjonuje obie strony. Chodzi o to, aby wiedzieć, kiedy naciskać, kiedy ustąpić i jak formułować argumenty w taki sposób, aby ugoda była atrakcyjna dla drugiej strony. Tutaj w grę wchodzą Twoje umiejętności interpersonalne. Kluczowa jest umiejętność czytania w pomieszczeniu, rozumienia motywacji drugiej strony i skutecznej komunikacji.

Następnie jest rola doradcza. Klienci często zgłaszają się do Państwa nie tylko po doraźne problemy prawne, ale także po poradę, jak ich uniknąć w przyszłości. Może to oznaczać doradztwo dla firmy w zakresie zgodności z przepisami, pomoc rodzinie w planowaniu majątku lub doradztwo dla organizacji non-profit w kwestiach związanych z zarządzaniem. W tym przypadku jesteś raczej konsultantem, który zapewnia wskazówki i strategie poruszania się po skomplikowanym środowisku prawnym.

Porozmawiajmy teraz o etyce, ponieważ stanowi ona ogromną część Twojej roli. Jako prawnik jesteś związany rygorystycznym kodeksem etyki. Oznacza to zachowanie poufności klienta, unikanie konfliktów interesów i zawsze działanie w najlepszym interesie klienta. Czasami może to postawić Cię w trudnych sytuacjach. A co jeśli Twój klient będzie chciał położyć się na stojaku? Co się stanie, jeżeli w połowie postępowania odkryje się konflikt interesów? Sytuacje takie wymagają głębokiego zrozumienia zasad etycznych i odwagi, aby ich przestrzegać, nawet jeśli jest to trudne.

Nie zapominajmy też o roli uczenia się przez całe życie. Prawo nie jest statyczne; to żywa, oddychająca istota, która ewoluuje wraz ze społeczeństwem. Uchwalane są nowe przepisy, stare uchylane, a przełomowe orzeczenia sądów mogą z dnia na dzień zmienić precedensy prawne. Aby być skutecznym prawnikiem, musisz stale się uczyć. Oznacza to uczęszczanie na seminaria prawnicze, śledzenie czasopism prawniczych, a czasami nawet powrót do szkoły w celu dalszej specjalizacji.

Skoro mowa o specjalizacji, porozmawiajmy o tym. Dziedzina prawa jest rozległa i nikt nie może być ekspertem we wszystkich dziedzinach. Na początku swojej kariery prawdopodobnie będziesz zajmować się różnymi dziedzinami prawa, aby zobaczyć, co najbardziej Ci odpowiada. Ostatecznie możesz specjalizować się w czymś konkretnym, np. prawie karnym, prawie korporacyjnym, prawie rodzinnym lub własności intelektualnej. Specjalizacja pozwala rozwinąć głębszą wiedzę specjalistyczną i stać się źródłem informacji w wybranej dziedzinie.

I na koniec, nie zapominajmy o biznesowej stronie bycia prawnikiem. Niezależnie od tego, czy prowadzisz dużą firmę, małą spółkę osobową, czy też prowadzisz jednoosobową praktykę, zrozumienie biznesowych aspektów prowadzenia kancelarii prawnej ma kluczowe znaczenie. Obejmuje to zarządzanie klientami, fakturowanie, marketing, a nawet zarządzanie personelem pomocniczym. Prawnik odnoszący sukcesy nie tylko specjalizuje się w wykonywaniu zawodu prawnika, ale także w skutecznym zarządzaniu swoją praktyką.

Podsumowując, zrozumienie swojej roli jako prawnika oznacza uznanie, że jesteś adwokatem, badaczem, pisarzem, negocjatorem, doradcą, opiekunem etycznym, osobą uczącą się przez całe życie, specjalistą i przedsiębiorcą w jednym. To trudny, ale niezwykle satysfakcjonujący zawód. Będziesz miał okazję naprawdę zmienić życie ludzi, walczyć o sprawiedliwość oraz stale się uczyć i rozwijać. Wykorzystaj więc wieloaspektową naturę swojej roli, bądź ciekawy i nigdy nie przestawaj dążyć do doskonałości. Witamy w prawnej dżungli – poradzisz sobie świetnie.

Podstawy edukacji prawnej

Rozpoczęcie kariery prawniczej wymaga solidnych podstaw edukacyjnych. Celem tego rozdziału jest kompleksowe omówienie kluczowych elementów edukacji prawniczej, począwszy od kursów, które należy ukończyć, po umiejętności, które należy rozwijać. Niezależnie od tego, czy dopiero zaczynasz studia prawnicze, czy jesteś w trakcie studiów, zrozumienie tych podstawowych zagadnień pomoże Ci skutecznie poruszać się po ścieżce edukacyjnej.

Po pierwsze – porozmawiajmy o podstawach szkoły prawniczej. Większość szkół prawniczych oferuje trzyletni program Juris Doctor (JD), który stanowi standardową drogę do zostania praktykującym prawnikiem w wielu krajach, w tym w Stanach Zjednoczonych. Pierwszy rok, powszechnie określany jako 1L, jest zazwyczaj najbardziej rygorystyczny. To wtedy kładziesz podwaliny pod swoją edukację prawniczą, biorąc udział w podstawowych kursach, takich jak umowy, delikty, postępowanie cywilne, prawo karne, własność i pisanie tekstów prawniczych. Przedmioty te stanowią podstawę Twojej wiedzy prawniczej i są kluczowe dla zrozumienia bardziej złożonych dziedzin prawa, z którymi będziesz się później spotykać.

Zagłębmy się w niektóre z tych podstawowych tematów. Na przykład umowy uczą o zawieraniu i egzekwowaniu umów, co ma fundamentalne znaczenie zarówno w prawie osobistym, jak i gospodarczym. Torts obejmuje krzywdy i szkody cywilne, zapoznając Cię z pojęciami takimi jak zaniedbanie i odpowiedzialność. Postępowanie cywilne obejmuje zasady i procesy stosowane przez sądy w procesach cywilnych. Z drugiej strony prawo karne koncentruje się na przestępstwach i systemie karnym, dając ci wgląd we wszystko, od kradzieży po morderstwo. Prawo własności dotyczy własności i praw do gruntów oraz majątku osobistego. Wreszcie, pisanie tekstów prawniczych to miejsce, w którym doskonalisz umiejętność pisania briefów, notatek i innych dokumentów prawnych – jest to niezbędna umiejętność każdego prawnika.

W miarę przechodzenia do drugiego i trzeciego roku studiów (2L i 3L) program nauczania staje się bardziej elastyczny, umożliwiając wybór przedmiotów do wyboru w oparciu o Twoje zainteresowania i cele zawodowe. Najwyższy czas pomyśleć o specjalizacji. Czy interesuje Cię prawo korporacyjne, prawo ochrony środowiska, prawo rodzinne, a może własność intelektualna? Wybór przedmiotów do wyboru może pomóc w budowaniu wiedzy specjalistycznej w preferowanym obszarze. Kursy takie jak dowody, prawo konstytucyjne i odpowiedzialność zawodowa są również powszechnie wymagane i mają kluczowe znaczenie w kształtowaniu zrozumienia procedur prawnych i standardów etycznych.

Porozmawiajmy teraz o umiejętnościach. Oprócz wiedzy teoretycznej, którą zdobywasz na zajęciach, w szkole prawniczej rozwija się także zestaw umiejętności praktycznych, które będą Ci służyć przez całą karierę. Krytyczne myślenie jest podstawą analizy prawnej. Nauczysz się analizować przypadki, identyfikować kluczowe problemy i stosować zasady prawne w różnych scenariuszach. Rozumowanie analityczne idzie w parze z myśleniem krytycznym, pozwalając na systematyczną ocenę argumentów i dowodów.

Badania prawne to kolejna podstawowa umiejętność. Umiejętność skutecznego wyszukiwania i interpretowania orzecznictwa, ustaw i rozporządzeń ma kluczowe znaczenie w budowaniu mocnych argumentów prawnych. Podczas swoich badań prawnych i kursów pisania nabędziesz biegłość w korzystaniu z prawniczych baz danych, takich jak Westlaw i LexisNexis, które są niezbędnymi narzędziami dla każdego praktykującego prawnika.

Równie ważne jest wsparcie ustne. Niezależnie od tego, czy prowadzisz sprawę w sądzie, czy negocjujesz ugodę, umiejętność jasnej i przekonującej komunikacji jest kluczowa. Konkursy typu moot court, próbne rozprawy i kluby dyskusyjne oferują doskonałe możliwości ćwiczenia tych umiejętności w symulowanym środowisku.

Jednym z aspektów edukacji prawniczej, który często jest pomijany, jest znaczenie staży i staży. Te doświadczenia z prawdziwego świata są bezcenne. Zapewniają praktyczną wiedzę na temat stosowania prawa poza szkołą, oferują możliwości nawiązywania kontaktów i często pomagają w zapewnieniu zatrudnienia po ukończeniu studiów. Staraj się zapewnić staże w różnych miejscach – prywatnych kancelariach prawnych, organizacjach interesu publicznego, agencjach rządowych – aby uzyskać pełny obraz krajobrazu prawnego.

Przegląd prawa i członkostwo w czasopismach są również bardzo korzystne. Uczestnictwo w tych zajęciach wyostrza Twoje umiejętności badawcze i pisarskie oraz poprawia Twoje CV. Pracodawcy często przychylnie patrzą na kandydatów, którzy publikowali w czasopiśmie prawniczym, ponieważ świadczy to o zaangażowaniu w naukę i umiejętności tworzenia wysokiej jakości tekstów prawniczych.

Nie zapominajmy o przygotowaniu batonika. Gdy zbliżasz się do końca swojej przygody ze studiami prawniczymi, przygotowanie do egzaminu adwokackiego staje się najważniejsze. Egzamin adwokacki jest rygorystycznym sprawdzianem wiedzy i umiejętności prawniczych, a jego zdanie jest niezbędne, aby zostać licencjonowanym adwokatem. Wiele szkół prawniczych oferuje kursy przygotowujące do adwokatury, istnieje też wiele komercyjnych programów przeglądów adwokackich, które zapewniają kompleksowe materiały do nauki i egzaminy praktyczne. Rozpocznij przygotowania wcześnie i wykorzystaj wszystkie dostępne zasoby.

Tworzenie sieci kontaktów to kolejny kluczowy element edukacji prawniczej. Budowanie relacji z profesorami, kolegami z klasy i profesjonalistami w tej dziedzinie może otworzyć drzwi do możliwości zatrudnienia i zapewnić mentoring. Weź udział w wydarzeniach organizowanych na uczelniach prawniczych, dołącz do organizacji studenckich i rozważ dołączenie do stowarzyszeń zawodowych, takich jak American Bar Association lub lokalne izby adwokackie.

I wreszcie, nie lekceważ znaczenia rozwijania dobrych nawyków związanych z nauką i umiejętności zarządzania czasem. Szkoła prawnicza może być niezwykle wymagająca, a równoważenie zajęć, staży i życia osobistego wymaga starannego planowania i dyscypliny. Stwórz harmonogram nauki, ustal realistyczne cele i poświęć czas na samoopiekę, aby uniknąć wypalenia zawodowego.

Podsumowując, edukacja prawnicza to wieloaspektowa podróż, która obejmuje opanowanie podstawowych przedmiotów, rozwijanie umiejętności praktycznych, zdobywanie doświadczenia w świecie rzeczywistym i budowanie sieci zawodowej. Rozumiejąc i przyjmując te podstawowe zasady, będziesz dobrze przygotowany do poruszania się po szkole prawniczej i położysz solidne podstawy pod udaną karierę prawniczą. Pamiętaj, że studia prawnicze to nie tylko zdobywanie wiedzy; chodzi o to, aby stać się wszechstronnym, etycznym i skutecznym orędownikiem sprawiedliwości. Zanurz się więc z entuzjazmem, bądź ciekawy i nie ustawaj w dążeniu do nauki i rozwoju. Zawód prawniczy czeka na Ciebie, a przy odpowiednim przygotowaniu będziesz gotowy, aby wyrobić sobie markę.

Pomyślne poruszanie się po szkole prawniczej

W porządku, porozmawiajmy o bestii, jaką jest szkoła prawnicza, i o tym, jak ją pokonać jak doświadczony profesjonalista. Niezależnie od tego, czy dopiero zaczynasz swoją podróż, czy jesteś już po kolana w orzecznictwie, pomyślne poruszanie się po szkole prawniczej wymaga połączenia strategii, wytrwałości i odrobiny zdrowego rozsądku. Więc chwyć zakreślacze i przejdźmy do rzeczy.

Po pierwsze – zajmijmy się słoniem na sali: studia prawnicze są trudne. Naprawdę trudne. Obciążenie pracą jest intensywne, konkurencja może być zacięta, a stawka wysoka. Ale nie obawiaj się, drogi czytelniku, ponieważ przy właściwym sposobie myślenia i podejściu możesz nie tylko przetrwać, ale także prosperować w szkole prawniczej.

Jaki jest więc sekretny sos? Cóż, zaczyna się od zarządzania czasem. Poważnie, jeśli jest jedna umiejętność, którą musisz opanować na studiach prawniczych, jest nią zarządzanie czasem. Pomiędzy czytaniem zadań, pisaniem prac, uczęszczaniem na zajęcia i zajęciami pozalekcyjnymi Twój harmonogram będzie bardziej napięty niż puszka sardynek. Kluczem jest bezwzględne ustalanie priorytetów. Zastanów się, co koniecznie musisz zrobić każdego dnia, tygodnia i miesiąca, i skup na tym swoją energię. I nie zapomnijcie zaplanować sobie też przestojów – wypalenie jest prawdziwe, ludzie.

Następnie porozmawiajmy o czytaniu. Och, chłopcze, przygotuj się do czytania – dużo. Szkoła prawnicza jest jak niekończący się piekielny klub książki. Co tydzień przydzielane Ci będą setki stron gęstego tekstu prawnego i od Ciebie zależy, czy je wszystkie przetrawisz. Ale nie bój się, ponieważ istnieje kilka sztuczek, które pomogą Ci pokonać czytającą bestię. Najpierw naucz się efektywnie przeglądać. Nie każde słowo w takich przypadkach jest kluczowe, więc wytrenuj swój mózg, aby zidentyfikował kluczowe punkty i przejdź dalej. Po drugie, rozważ utworzenie grupy analitycznej. Czytanie spraw z kolegami z klasy może pomóc Ci zachować odpowiedzialność i zyskać nowe spojrzenie na złożone kwestie prawne.

Porozmawiajmy teraz o zajęciach. Tak, rzeczywiście musisz chodzić na zajęcia w szkole prawniczej. Wiem, że to szokujące. A tak na poważnie, dla zrozumienia materiału i budowania relacji z profesorami kluczowe jest uczęszczanie na wykłady i udział w dyskusjach. Ponadto niektórzy profesorowie lubią podpowiadać, co może pojawić się na egzaminie, więc uważaj!

Skoro już mowa o egzaminach, zajmijmy się budzącą strach kwestią egzaminów na studiach prawniczych. Są jak rytuał przejścia, ale to nie znaczy, że muszą być przerażające. Kluczem do sukcesu na egzaminie jest przygotowanie. Zacznij uczyć się wcześnie, sporządzaj notatki i ćwicz, ćwicz, ćwicz. I nie zapomnij o egzaminach próbnych — są Twoim najlepszym przyjacielem. Im lepiej znasz format i styl egzaminów na studiach prawniczych, tym lepiej będziesz przygotowany, aby je zdać.

Porozmawiajmy teraz o zajęciach dodatkowych. Tak, na studiach prawniczych masz czas na zajęcia dodatkowe – zaufaj mi. Niezależnie od tego, czy chodzi o dołączenie do organizacji studenckiej, udział w sporze sądowym, czy pisanie do przeglądu prawnego, zaangażowanie się poza salą lekcyjną może wzbogacić Twoje doświadczenie w szkole prawniczej i udoskonalić Twoje CV. Tylko pamiętaj, żeby nie przesadzić – pamiętaj o zarządzaniu czasem!

Nie zapominajmy o dbaniu o siebie. Wiem, wiem, to brzmi banalnie, ale to kluczowe. Szkoła prawnicza może być wyczerpująca psychicznie i emocjonalnie, dlatego ważne jest, aby zadbać o siebie. Ćwicz regularnie, dobrze się odżywiaj, wysypiaj się i nie bój się szukać wsparcia, jeśli go potrzebujesz. Niezależnie od tego, czy jest to rozmowa z przyjacielem, członkiem rodziny czy specjalistą ds. zdrowia psychicznego, możesz poprosić o pomoc.

I na koniec porozmawiajmy o networkingu. Budowanie relacji z kolegami z klasy, profesorami i prawnikami może otworzyć drzwi do możliwości zatrudnienia i mentoringu. Weź udział w wydarzeniach networkingowych, dołącz do organizacji studenckich i korzystaj z sieci absolwentów oferowanych przez Twoją szkołę. Nigdy nie wiesz, kogo możesz spotkać i jakie możliwości się pojawią.

Podsumowując, pomyślne poruszanie się po szkole prawniczej polega na równowadze, zarządzaniu czasem, przygotowaniu i samoopiece. To maraton, a nie sprint, więc trzymaj się tempa i nie bądź dla siebie zbyt surowy, jeśli potkniesz się po drodze. Pamiętaj, że nie jesteś sam — wszyscy Twoi koledzy z klasy, profesorowie i sieci wsparcia kibicują Twojemu sukcesowi. Skup się więc na nagrodzie, skoncentruj się, a zanim się zorientujesz, przejdziesz przez ten etap z dyplomem prawa w ręku. Masz to!

Zabezpieczenie pierwszej pracy: poruszanie się po legalnym rynku pracy

W porządku, zanurzmy się w ekscytujący świat zapewniania pierwszej pracy jako początkujący prawnik. Niezależnie od tego, czy zaraz ukończysz studia prawnicze, czy jesteś już absolwentem i chcesz zdobyć pierwszą pracę, legalny rynek pracy może wydawać się trudnym labiryntem. Ale nie obawiaj się, ponieważ przy właściwym podejściu, odrobinie wytrwałości i odrobinie szczęścia możesz znaleźć idealną okazję do rozpoczęcia swojej kariery prawniczej.

Po pierwsze – porozmawiajmy o strategii. Zapewnienie pierwszej pracy wymaga wieloaspektowego podejścia, które łączy tworzenie sieci kontaktów, aplikowanie na stanowiska oraz prezentowanie swoich umiejętności i doświadczenia. Nie wystarczy po prostu usiąść i czekać, aż pojawią się możliwości; w poszukiwaniu pracy musisz działać proaktywnie i strategicznie.

Sieć jest kluczem. Nie mogę tego wystarczająco podkreślić. Budowanie relacji z prawnikami, absolwentami, profesorami i innymi prawnikami może otworzyć drzwi do możliwości zatrudnienia, o istnieniu których być może nawet nie miałeś pojęcia. Weź udział w wydarzeniach prawnych, dołącz do stowarzyszeń zawodowych i kontaktuj się z osobami z wybranej dziedziny, aby uzyskać rozmowy informacyjne. Nie bój się wystawić na działanie i nawiązywać kontakty — w końcu nigdy nie wiesz, kto może mieć potencjalnego klienta w sprawie Twojej wymarzonej pracy.

Następnie porozmawiajmy o życiorysach i listach motywacyjnych. Twoje CV to Twoje pierwsze wrażenie na potencjalnych pracodawcach, dlatego tak ważne jest, aby było ważne. Dostosuj swoje CV do każdego stanowiska, o które się ubiegasz, podkreślając odpowiednie umiejętności, doświadczenia i osiągnięcia. Nie zapomnij o liście motywacyjnym — to Twoja szansa, aby opowiedzieć swoją historię i wyjaśnić, dlaczego idealnie pasujesz na to stanowisko. Staraj się, aby był zwięzły, profesjonalny i wolny od błędów, i pamiętaj, aby dostosować go do każdej aplikacji.

Porozmawiajmy teraz o tablicach ogłoszeń. Chociaż tworzenie sieci kontaktów jest nieocenione, portale z ofertami pracy mogą być również cennym narzędziem w Twoim arsenale poszukiwania pracy. Witryny takie jak Indeed, LinkedIn i Lawjobs.com często zawierają wykazy stanowisk prawniczych na poziomie podstawowym. Ustawiaj powiadomienia o ofertach pracy, regularnie przeglądaj oferty i nie bój się zarzucić szerokiej sieci. Nigdy nie wiesz, skąd nadejdzie Twoja następna szansa.

Prawnicy zajmujący się rekrutacją również mogą być cennym zasobem. Specjaliści ci specjalizują się w dopasowywaniu kandydatów do ofert pracy w kancelariach prawnych, działach prawnych korporacji, agencjach rządowych i innych organizacjach prawnych. Skontaktuj się z prawnikami zajmującymi się rekrutacją w Twojej okolicy, prześlij swoje CV i daj im znać, czego szukasz w pracy. Mogą pomóc Ci znaleźć możliwości, które odpowiadają Twoim umiejętnościom i celom zawodowym.

Kolejną ciekawą opcją są staże i staże. Te krótkoterminowe stanowiska mogą zapewnić cenne, praktyczne doświadczenie, pomóc w budowaniu CV i potencjalnie prowadzić w przyszłości do zatrudnienia w pełnym wymiarze godzin. Skontaktuj się z kancelariami prawnymi, agencjami rządowymi i organizacjami non-profit w Twojej okolicy, aby zapytać o możliwości odbycia stażu. Nawet jeśli nie mają na liście żadnych wolnych stanowisk, nie zaszkodzi zapytać.

Porozmawiajmy teraz o przygotowaniu do rozmowy kwalifikacyjnej. Ukończenie rozmowy kwalifikacyjnej to połowa sukcesu, dlatego ważne jest, aby zrobić dobre wrażenie, gdy tylko nadarzy się okazja. Zbadaj wcześniej firmę lub organizację, przećwicz swoje odpowiedzi na typowe pytania podczas rozmów kwalifikacyjnych i bądź przygotowany na szczegółowe omówienie swoich kwalifikacji i doświadczenia. Ubierz się profesjonalnie, przyjdź punktualnie i zabierz ze sobą kopie swojego CV oraz innych istotnych dokumentów. I nie zapomnij wysłać listu z podziękowaniami po rozmowie kwalifikacyjnej — to prosty gest, który może bardzo pomóc.

Jednym z aspektów poszukiwania pracy, który często jest pomijany, jest znaczenie budowania obecności w Internecie. W dzisiejszej erze cyfrowej pracodawcy często wyszukują kandydatów w Internecie przed podjęciem decyzji o zatrudnieniu. Upewnij się, że Twój profil na LinkedIn jest aktualny i profesjonalny, i rozważ utworzenie osobistej witryny internetowej lub bloga, w którym będziesz mógł zaprezentować swoją pracę i osiągnięcia. Dbaj o czystość i profesjonalizm swoich profili w mediach społecznościowych oraz uważaj na to, co publikujesz w Internecie – może to wrócić i cię prześladować.

Na koniec porozmawiajmy o wytrwałości. Legalny rynek pracy może być konkurencyjny, a odrzucenie jest rzeczą oczywistą. Nie zniechęcaj się, jeśli nie od razu znajdziesz wymarzoną pracę. Utrzymuj kontakty, aplikuj i doskonal swoje umiejętności. Twoja pierwsza praca może nie być pracą marzeń, ale jest odskocznią do większych i lepszych możliwości w przyszłości.

Podsumowując, zapewnienie pierwszej pracy jako prawnik wymaga proaktywnego, strategicznego podejścia, które łączy tworzenie sieci kontaktów, ubieganie się o stanowiska oraz prezentowanie swoich umiejętności i doświadczenia. Wykorzystując swoją sieć kontaktów zawodowych, dostosowując materiały aplikacyjne, badając różne możliwości poszukiwania pracy i dokładnie przygotowując się do rozmów kwalifikacyjnych, możesz zwiększyć swoje szanse na zdobycie pierwszej wymarzonej pracy. Pamiętaj, że nie od razu Rzym zbudowano i nie od razu udana kariera prawnicza. Bądź więc skupiony, bądź wytrwały, a zanim się zorientujesz, będziesz na dobrej drodze do osiągnięcia swoich celów zawodowych. Powodzenia!

Przygotowanie do rozmów kwalifikacyjnych: jak zdobyć wymarzoną pracę

Dobra, zapnij pasy, bo zagłębiamy się w sedno przygotowań do rozmowy kwalifikacyjnej. Niezależnie od tego, czy starasz się o pierwszą legalną pracę, czy też chcesz awansować na wyższy poziom w swojej karierze, przebieg rozmowy kwalifikacyjnej jest kluczowy. Zakaszmy więc rękawy i przygotujmy się na olśnienie menedżerów ds. rekrutacji.

Po pierwsze – badania, badania, badania. Nie mogę tego wystarczająco podkreślić. Zanim w ogóle pomyślisz o wejściu do pokoju rozmów kwalifikacyjnych, musisz wiedzieć wszystko o firmie lub organizacji, z którą rozmawiasz. Jakiego rodzaju prawo praktykują? Jakie są ich podstawowe wartości? Kim są ich kluczowi klienci lub partnerzy? Im więcej wiesz, tym lepiej będziesz przygotowany, aby dostosować swoje odpowiedzi i wykazać swój entuzjazm dla tej roli.

Następnie porozmawiajmy o klasycznych pytaniach podczas rozmowy kwalifikacyjnej. Znasz te, o których mówię – opowiedz mi o sobie, jakie są Twoje mocne i słabe strony, dlaczego chcesz tu pracować itp. Te pytania mogą wydawać się proste, ale często to one wprawiają ludzi w zakłopotanie. Kluczem jest wcześniejsze przećwiczenie odpowiedzi, abyś mógł odpowiedzieć pewnie i zwięźle. I nie zapomnij podać konkretnych przykładów z przeszłych doświadczeń na poparcie swoich twierdzeń.

Porozmawiajmy teraz o krzywych piłkach. Podczas każdej rozmowy kwalifikacyjnej pojawiają się nieoczekiwane pytania, które zaskakują i zmuszają do szukania odpowiedzi. Kluczem do rozwiązania tych pytań jest zachowanie spokoju, trzeźwe myślenie i bycie uczciwym. Jeśli nie znasz odpowiedzi, możesz to powiedzieć. Pamiętaj tylko, aby przekazać przemyślaną odpowiedź lub podać przykład sposobu, w jaki podszedłbyś do znalezienia odpowiedzi.

Jednym z aspektów przygotowania do rozmowy kwalifikacyjnej, który często jest pomijany, jest znaczenie ćwiczenia umiejętności prezentacji. To Twoja szansa, aby zwięźle podsumować, kim jesteś, co robisz i dlaczego idealnie pasujesz do tej pracy – a wszystko to w czasie, jaki zajmuje jazda windą. To cenne narzędzie podczas wydarzeń networkingowych, targów kariery i – jak się domyślacie – rozmów kwalifikacyjnych. Zatem dopracuj swoją ofertę windykacyjną i bądź gotowy do jej dostarczenia z pewnością.

Porozmawiajmy teraz o ubiorze. Tak, wygląd ma znaczenie, szczególnie w zawodzie prawnika. Profesjonalny ubiór oznacza szacunek dla procesu rozmowy kwalifikacyjnej i zrozumienie norm i oczekiwań branży. W razie wątpliwości zachowaj ostrożność i wybierz konserwatywny strój. Najlepiej dopasowany garnitur, wypolerowane buty i minimalna ilość dodatków to najlepszy wybór.

Następnie porozmawiajmy o logistyce. Upewnij się, że znasz logistykę rozmowy kwalifikacyjnej — gdzie się ona odbywa, z kim się spotykasz i jak się na nią dostać. Przyjdź wcześnie, ale nie za wcześnie (najlepiej dziesięć do piętnastu minut) i zabierz ze sobą kopie swojego CV oraz wszelkich innych istotnych dokumentów. I nie zapomnij wyciszyć telefonu — nie chcesz, żeby dzwonił w trakcie rozmowy kwalifikacyjnej!

Porozmawiajmy teraz o mowie ciała. Podczas rozmowy kwalifikacyjnej sygnały niewerbalne mogą wiele powiedzieć, dlatego ważne jest, aby zwracać uwagę na mowę ciała. Utrzymuj kontakt wzrokowy, siedź prosto i unikaj wiercenia się i krzyżowania rąk. Mocny uścisk dłoni i szczery uśmiech mogą znacznie pomóc w zrobieniu pozytywnego wrażenia.

Na koniec porozmawiajmy o dalszych działaniach. Po rozmowie kwalifikacyjnej nie zapomnij wysłać osobie przeprowadzającej rozmowę kwalifikacyjną notatki z podziękowaniami, wyrażając wdzięczność za szansę i potwierdzając zainteresowanie stanowiskiem. To prosty gest, który może pozostawić niezatarte wrażenie i wyróżnić Cię na tle innych kandydatów.

Podsumowując, przygotowanie do rozmów kwalifikacyjnych opiera się na badaniach, praktyce i pewności siebie. Dokładnie badając firmę, ćwicząc odpowiedzi na najczęściej zadawane pytania podczas rozmów kwalifikacyjnych oraz zwracając uwagę na swój wygląd i mowę ciała, możesz zwiększyć swoje szanse na sukces i zdobycie wymarzonej pracy. Więc śmiało – włóż pracę, pokaż im, na co cię stać, i pozwól, aby zabłysły twoje umiejętności prawnicze. Powodzenia!

Wdrożenie i orientacja: nawigacja po pierwszych dniach w świecie prawniczym

Gratulacje! Dostałeś swoją pierwszą pracę w branży prawniczej, a teraz nadszedł czas, aby rozpocząć podróż wprowadzającą i orientacyjną. To Twoja szansa na zapoznanie się z nowym miejscem pracy, poznanie współpracowników i poznanie podstaw nowej roli. Zanurkujmy więc i upewnijmy się, że twardo stąpamy po ziemi.

Po pierwsze – porozmawiajmy o logistyce. Pierwszy dzień w pracy może być przytłaczający, dlatego ważne jest, aby wiedzieć, czego się spodziewać. Upewnij się, że masz pod ręką wszystkie niezbędne dokumenty i niezbędną dokumentację (np. dane identyfikacyjne i bankowe). Zapoznaj się z zasadami ubioru, godzinami pracy i innymi zasadami i procedurami, których musisz przestrzegać.

Następnie porozmawiajmy o wprowadzeniach. Prawdopodobnie pierwszego dnia spotkasz wiele nowych twarzy, dlatego ważne jest, aby zrobić dobre wrażenie. Uśmiechaj się, nawiązuj kontakt wzrokowy i mocno ściskaj dłoń podczas spotkań ze współpracownikami. Zapamiętaj ich imiona i nie bój się zadawać pytań ani nawiązywać rozmów — to świetny sposób na przełamanie lodów i rozpoczęcie budowania relacji.

Porozmawiajmy teraz o zadomowieniu się. Twój dział HR prawdopodobnie będzie miał wdrożony kompleksowy program wdrożenia, który pomoże Ci zaaklimatyzować się w nowej roli i organizacji jako całości. Może to obejmować sesje orientacyjne, programy szkoleniowe i prezentacje kluczowego personelu. Skorzystaj z tych zasobów — mają one pomóc Ci odnieść sukces na nowym stanowisku.

Podczas procesu wdrażania warto także zapoznać się z narzędziami i systemami, z których będziesz korzystać na co dzień. Może to obejmować programy, bazy danych i narzędzia komunikacyjne. Nie bój się prosić o pomoc, jeśli jej potrzebujesz — twoi koledzy są tam, aby cię wspierać, gdy uczysz się podstaw.

Następnie porozmawiajmy o ustalaniu oczekiwań. Twój menedżer prawdopodobnie spotka się z Tobą w pierwszym tygodniu, aby omówić Twoją rolę, obowiązki i cele. To Twoja szansa, aby zadać pytania, wyjaśnić oczekiwania i przekonać się, jak wygląda sukces na nowym stanowisku. Bądź otwarty i otwarty na opinie i nie wahaj się komunikować o wszelkich obawach lub wyzwaniach, przed którymi możesz stanąć.

Porozmawiajmy teraz o integracji z zespołem. Budowanie relacji ze współpracownikami ma kluczowe znaczenie dla osiągnięcia sukcesu w nowej roli. Poświęć trochę czasu na poznanie członków swojego zespołu, zarówno zawodowo, jak i osobiście. Oferuj pomoc, jeśli tylko możesz, i aktywnie szukaj możliwości współpracy i wnoszenia wkładu w projekty zespołowe.

Kiedy już zadomowisz się w nowej roli, nie zapomnij o sobie. Przejście do nowej pracy może być stresujące, dlatego ważne jest, aby w tym czasie priorytetowo potraktować dbanie o siebie. Znajdź czas na ćwiczenia, relaks i zajęcia, które przynoszą Ci radość poza pracą. I nie bój się polegać na swojej sieci wsparcia, aby uzyskać wskazówki i zachętę podczas poruszania się po tym nowym rozdziale swojej kariery.

Podsumowując, wdrożenie i orientacja to kluczowe etapy Twojej podróży jako nowego pracownika do świata prawniczego. Zapoznając się z nowym miejscem pracy, budując relacje ze współpracownikami i ustalając jasne oczekiwania co do swojej roli, możesz szybko ruszyć z miejsca i przygotować się na sukces na nowym stanowisku. Wykorzystaj więc okazję do nauki i rozwoju i przygotuj się, aby zaznaczyć swoją obecność w świecie prawa!

Zarządzanie czasem i organizacja: opanowywanie chaosu prawnego

Witamy w chaotycznym świecie praktyki prawniczej, gdzie terminy wiszą jak chmury burzowe, a czas zawsze odgrywa kluczową rolę. W tym dynamicznym środowisku opanowanie zarządzania czasem i organizacji to nie tylko umiejętność – to taktyka przetrwania. Łap więc swój kalendarz i listę rzeczy do zrobienia, ponieważ zagłębiamy się w sztukę radzenia sobie z chaosem i wychodzenia zwycięsko.

Zacznijmy od podstaw – zarządzania czasem. W świecie prawa czas jest Twoim najcenniejszym zasobem, a sposób, w jaki go alokujesz, może zadecydować o Twoim sukcesie lub przeszkodzić mu w tym. Kluczem jest bezwzględne ustalanie priorytetów. Rozpocznij każdy dzień od określenia najważniejszych zadań i zajęcia się nimi w pierwszej kolejności. Niezależnie od tego, czy chodzi o przygotowanie briefu, przeprowadzenie badań, czy spotkanie z klientem, skup swoją energię na zadaniach, które będą miały największy wpływ na Twoją pracę.

Następnie porozmawiajmy o wyznaczaniu celów. Posiadanie jasnych, możliwych do zrealizowania celów jest niezbędne, aby zachować koncentrację i motywację w zawodzie prawniczym. Niezależnie od tego, czy chodzi o zdobycie nowego klienta, wygranie sprawy czy opanowanie nowej dziedziny prawa, wyznacz konkretne, mierzalne cele, które pokrywają się z celami długoterminowymi. Podziel je na mniejsze, łatwe do wykonania zadania i śledź swoje postępy po drodze.

Porozmawiajmy teraz o planowaniu. Dobrze przemyślany plan może zadecydować o różnicy między płynną żeglugą a rozbiciem się o skały. Poświęć trochę czasu na zaplanowanie swojego dnia, tygodnia i miesiąca, określenie terminów, spotkań i innych zobowiązań. Korzystaj z narzędzi takich jak kalendarze, listy rzeczy do zrobienia i oprogramowanie do zarządzania projektami, aby zachować porządek i podążać ścieżką. Nie zapomnij też o uwzględnieniu czasu buforowego na wypadek nieoczekiwanych opóźnień lub sytuacji awaryjnych — lepiej przecenić niż niedoceniać.

Jednym z aspektów zarządzania czasem, który często jest pomijany, jest znaczenie wyznaczania granic. W zawodzie, w którym pracoholizm jest praktycznie oznaką honoru, łatwo wpaść w pułapkę pracy całodobowej. Jednak wypalenie zawodowe stanowi realne zagrożenie i ważne jest, aby priorytetowo traktować dobro fizyczne i psychiczne. Ustaw limity godzin pracy, rób regularne przerwy i znajdź czas na zajęcia poza pracą, które doładują Twoje akumulatory.

Porozmawiajmy o delegowaniu. Jako prawnik nie oczekuje się od ciebie, że zrobisz wszystko sam. Naucz się delegować zadania pracownikom pomocniczym, młodszym współpracownikom, a nawet technologii, jeśli to konieczne. Delegowanie nie tylko pozwala Ci skupić się na pracy o większej wartości, ale także pomaga rozwijać umiejętności i możliwości członków zespołu.

Porozmawiajmy teraz o utrzymaniu porządku. W zawodzie, w którym najważniejsze są papierowe notatki, uporządkowanie plików, dokumentów i notatek ma kluczowe znaczenie. Opracuj system organizowania plików cyfrowych i fizycznych, niezależnie od tego, czy chodzi o sprawę, klienta czy temat. Używaj etykiet, folderów i kodowania kolorami, aby wszystko było schludne i uporządkowane, a także upewnij się, że Twój system jest łatwo dostępny i skalowalny w miarę wzrostu obciążenia.

Skoro już mowa o organizacji, porozmawiajmy o zarządzaniu pocztą elektroniczną. W świecie prawa poczta elektroniczna jest głównym sposobem komunikacji, a Twoja skrzynka odbiorcza może łatwo zamienić się w bezdenną studnię nieprzeczytanych wiadomości. Opracuj system zarządzania pocztą e-mail, wykorzystujący foldery, etykiety lub filtry do ustalania priorytetów i kategoryzowania wiadomości przychodzących. Poświęć codziennie trochę czasu na przetwarzanie e-maili i powstrzymaj się od ciągłego sprawdzania skrzynki odbiorczej – to zabójca produktywności.

Porozmawiajmy teraz o mówieniu nie. Jako prawnik często będziesz ciągnięty w wielu różnych kierunkach, a wymagania dotyczące Twojego czasu i uwagi będą konkurencyjne. Nauka mówienia „nie" – grzecznie, ale stanowczo – jest niezbędną umiejętnością pozwalającą chronić swój czas i energię. Oceń każde otrzymane żądanie i podejmij decyzję o tym, gdzie ulokujesz swoje zasoby.

Porozmawiajmy o ciągłym doskonaleniu. Zawód prawnika stale się rozwija, a bycie o krok przed konkurencją wymaga zaangażowania w uczenie się i rozwój przez całe życie. Znajdź czas na działania związane z rozwojem zawodowym, niezależnie od tego, czy chodzi o uczestnictwo w seminariach, branie udziału w kursach online, czy czytanie czasopism prawniczych. Zainwestuj w siebie i swoje umiejętności, a odniesiesz korzyści w swojej karierze.

Na koniec porozmawiajmy o refleksji. Poświęć trochę czasu na regularne zastanawianie się nad swoimi praktykami zarządzania czasem i praktykami organizacyjnymi, identyfikując, co działa dobrze, a co można ulepszyć. Bądź ze sobą szczery w kwestii swoich niedociągnięć i aktywnie wprowadzaj zmiany, aby zaradzić wszelkim słabościom. Ciągłe doskonalenie to podróż, a nie cel, a zachowanie czujności jest kluczem do utrzymania maksymalnej wydajności.

Podsumowując, opanowanie zarządzania czasem i organizacji jest niezbędne do osiągnięcia sukcesu w zawodzie prawniczym. Bezlitośnie ustalając priorytety, wyznaczając jasne cele, planując strategicznie i zachowując porządek, możesz pewnie i łatwo poruszać się po chaosie praktyki prawniczej. Ogarnij więc chaos, wyostrz swoje umiejętności organizacyjne i przygotuj się na podbój legalnego świata!

Badania prawne i pisanie: uwalnianie siły perswazji

Witamy w chlebie powszednim zawodu prawnika: badaniach prawnych i pisaniu. W świecie prawa pióro jest naprawdę potężniejsze od miecza, a opanowanie sztuki badań prawnych i pisania jest niezbędne do osiągnięcia sukcesu. Zatem chwyć zakreślacz i zaufany słownik prawniczy, bo zagłębiamy się w świat orzecznictwa, ustaw i prozy perswazyjnej.

Zacznijmy od badań prawnych. W swej istocie badania prawne polegają na znalezieniu igły w stogu siana – orzecznictwie, ustawach, rozporządzeniach i innych źródłach prawa, które poprzeją Twoją argumentację lub wzmocnią Twoje stanowisko. Niezależnie od tego, czy piszesz brief, przygotowujesz się do rozprawy, czy doradzasz klientowi, posiadanie solidnych podstaw w zakresie umiejętności prowadzenia badań prawnych jest niezbędne.

Więc od czego zacząć? Wszystko zaczyna się od zrozumienia problemu prawnego. Jakie są kluczowe fakty w tej sprawie? Jakie są odpowiednie zasady i doktryny prawne? Kiedy już zrozumiesz problem, czas sięgnąć do książek — lub, co bardziej prawdopodobne, do internetowych baz danych.

Badania prawne mogą przypominać trochę pracę detektywa i wymagają przeszukania orzecznictwa, ustaw i źródeł wtórnych w celu znalezienia odpowiednich autorytetów i przekonujących argumentów. Zacznij od podstawowych źródeł, takich jak orzecznictwo i ustawy, używając słów kluczowych i operatorów logicznych, aby zawęzić wyszukiwanie i znaleźć odpowiednie autorytety. Następnie zapoznaj się ze źródłami wtórnymi, takimi jak encyklopedie prawne, traktaty i artykuły z przeglądu prawa, aby pogłębić zrozumienie problemu i zidentyfikować dodatkowe autorytety.

Prowadząc badania, pamiętaj o ocenie autorytetu i przydatności znalezionych źródeł. Nie wszystkie sprawy są sobie równe i ważne jest, aby nadać priorytet tym, które są wiążące dla sądu, przed którym się występuje, lub które mają wartość przekonującą w Twojej jurysdykcji. Poszukaj spraw o podobnych faktach lub kwestiach prawnych jak Twoje i zwróć uwagę na to, jak sądy interpretowały i stosowały prawo w podobnych sytuacjach.

Porozmawiajmy teraz o pisaniu prawniczym. Pismo prawnicze to wyjątkowa bestia wymagająca precyzji, przejrzystości i siły przekonywania. Niezależnie od tego, czy piszesz brief, memorandum czy umowę, cel jest ten sam: przedstawić swoje argumenty w logiczny i przekonujący sposób, który przekona odbiorców o słuszności Twojego stanowiska.

Kluczem do skutecznego pisania tekstów prawniczych jest organizacja. Twoje teksty powinny mieć jasną, logiczną strukturę, która krok po kroku prowadzi czytelnika przez argumentację. Zacznij od mocnego wprowadzenia, które przygotuje grunt dla Twojej argumentacji i będzie zapowiedzią kwestii, które będziesz omawiać. Następnie przejdź do treści swojego tekstu, w którym przedstawisz swoje argumenty i dowody potwierdzające w spójny, zorganizowany sposób. Na koniec zakończ zwięzłym podsumowaniem swoich argumentów i wezwaniem do działania.

Ale organizacja to dopiero początek. Pisanie tekstów prawniczych wymaga również precyzji i dbałości o szczegóły. Każde słowo ma znaczenie, dlatego starannie wybieraj język i pamiętaj o terminologii i konwencjach prawnych. Używaj cytatów na poparcie swoich argumentów i uzasadnienia swoich twierdzeń, a także przestrzegaj formatowania i stylu cytowania wymaganego przez twoją jurysdykcję lub sąd.

Perswazja to najważniejsza gra w piśmiennictwie prawniczym, a opanowanie sztuki perswazji wymaga głębokiego zrozumienia odbiorców i ich motywacji. Postaw się w sytuacji sędziego, ławy przysięgłych lub obrońcy strony przeciwnej i dostosuj swój tekst tak, aby odpowiadał ich obawom i interesom. Przewiduj kontrargumenty i od razu się do nich odnieś, korzystając z logiki, dowodów i strategii retorycznych, aby wzmocnić swoje stanowisko.

I nie zapomnij o redakcji i korekcie. Pisma prawnicze są znane ze swojej złożoności i gęstości, dlatego ważne jest, aby dokładnie przejrzeć i zweryfikować swoją pracę, aby zapewnić przejrzystość i dokładność. Poszukaj błędów gramatycznych, literówek i niespójności, a przed przesłaniem upewnij się, że Twój tekst jest dopracowany i profesjonalny.

Podsumowując, badania prawnicze i pisanie to umiejętności niezbędne do osiągnięcia sukcesu w zawodzie prawniczym. Opanowując sztukę badań prawnych, możesz znaleźć autorytety i argumenty potrzebne do poparcia swojej sprawy. Udoskonalając swoje umiejętności pisania tekstów prawniczych, możesz tworzyć przekonujące, przekonujące argumenty, które wygrywają w sądzie. Podejmij więc wyzwanie, zaostrz ołówki i przygotuj się na uwolnienie mocy perswazji na arenie prawnej.

Komunikacja z klientem: poruszanie się po sztuce skutecznego dialogu

Witamy na pierwszej linii pola bitwy prawnej – komunikacji z klientem. W zawodzie prawnika skuteczna komunikacja z klientami to nie tylko umiejętność, to forma sztuki. Łap więc za notatnik i uszy do słuchania, bo zanurzamy się w świat relacji z klientami, empatii i jasnej komunikacji.

Zacznijmy od podstaw – budowania relacji. Budowanie zaufania i relacji z klientami jest podstawą skutecznej komunikacji. Poświęć trochę czasu, aby poznać swoich klientów jako jednostki — poznaj ich imiona, historie i obawy. Okaż prawdziwe zainteresowanie ich sprawą i ich dobrem oraz daj znać, że jesteś po ich stronie na każdym kroku.

Porozmawiajmy teraz o aktywnym słuchaniu. Skuteczna komunikacja zaczyna się od słuchania i mam na myśli naprawdę słuchanie. Kiedy Twoi klienci mówią, poświęć im całą swoją uwagę – odłóż telefon, zamknij laptopa i nawiąż kontakt wzrokowy. Zadawaj pytania otwarte, aby zachęcić ich do podzielenia się przemyśleniami i uczuciami. Nie bój się zatrzymać i zastanowić nad tym, co powiedzieli, zanim udzielą odpowiedzi. Pamiętaj, że nie chodzi tylko o wysłuchanie ich słów, ale o zrozumienie ich punktu widzenia i potrzeb.

Następnie porozmawiajmy o przejrzystości. Przejrzystość jest kluczem do budowania zaufania wśród klientów. Bądź szczery i szczery w kwestii mocnych i słabych stron swojej sprawy, potencjalnego ryzyka i korzyści oraz prawdopodobnych wyników. Unikaj żargonu prawniczego i skomplikowanej terminologii – wyjaśniaj rzeczy prostym językiem, zrozumiałym dla Twoich klientów. I nie wahaj się poprosić o wyjaśnienia, jeśli wydają się zdezorientowane lub niepewne.

Porozmawiajmy teraz o ustalaniu oczekiwań. Zarządzanie oczekiwaniami klientów ma kluczowe znaczenie dla uniknięcia nieporozumień i frustracji w przyszłości. Jasno i realistycznie określ, co możesz, a czego nie możesz dla tej osoby zrobić, harmonogram jej sprawy i związane z tym koszty. Regularnie informuj o postępie sprawy i aktywnie odpowiadaj na wszelkie wątpliwości i pytania, jakie mogą pojawić się po drodze.

Porozmawiajmy o empatii. Empatia to sekret skutecznej komunikacji z klientem — to właśnie odróżnia dobrych prawników od świetnych. Postaw się w sytuacji swoich klientów i spróbuj zrozumieć ich perspektywę, emocje i motywacje. Okazuj współczucie i empatię wobec ich zmagań i wyzwań oraz zapewniaj ich, że jesteś tam, aby ich wspierać na dobre i na złe.

Następnie porozmawiajmy o granicach. Okazywanie empatii i wsparcia jest ważne, ale ważne jest również utrzymywanie profesjonalnych granic z klientami. Jasno określ swoją rolę jako ich adwokata i doradcy i unikaj zbyt osobistego angażowania się w ich sprawy. Ustaw ograniczenia swojej dostępności i przystępności i nie bój się ich egzekwować, jeśli to konieczne.

Porozmawiajmy o kanałach komunikacji. W dzisiejszej erze cyfrowej istnieje niezliczona ilość sposobów komunikowania się z klientami — rozmowy telefoniczne, e-maile, wiadomości tekstowe, wideokonferencje i tak dalej. Wybierz kanały komunikacji, które najlepiej sprawdzają się dla Ciebie i Twoich klientów, a także bądź responsywny i dostępny na wszystkich platformach. I nie zapomnij o spotkaniach twarzą w twarz — nic nie zastąpi osobistej relacji, która wynika z osobistych spotkań z klientami.

Na koniec porozmawiajmy o dokumentacji. Dokumentowanie komunikacji z klientami to nie tylko dobra praktyka, jest ono niezbędne do ochrony Ciebie i Twoich klientów w przypadku sporu. Prowadź szczegółowe zapisy rozmów, spotkań i korespondencji, w tym daty, godziny i najważniejsze wnioski. Prowadź swoją dokumentację dokładnie i dokładnie, a także przestrzegaj wszelkich wymogów prawnych i etycznych dotyczących prowadzenia dokumentacji.

Podsumowując, skuteczna komunikacja z klientem jest podstawą sukcesu w zawodzie prawniczym. Budując zaufanie i relacje, aktywnie słuchając, będąc przejrzystym i empatycznym, ustalając jasne oczekiwania, utrzymując granice zawodowe, wybierając odpowiednie kanały komunikacji i dokumentując komunikację, możesz budować silne, pozytywne relacje z klientami, które prowadzą do pomyślnych wyników. Opanuj więc sztukę skutecznego dialogu i przygotuj się na wywarcie znaczącego wpływu na życie swoich klientów.

Etykieta na sali sądowej: poruszanie się po salach sprawiedliwości z wdziękiem i profesjonalizmem

Witamy w uświęconych salach sprawiedliwości, gdzie króluje przyzwoitość, a etykieta na sali sądowej może zadecydować o Twojej sprawie lub ją przegrać. W zawodzie prawnika umiejętność zachowania się na sali sądowej jest niezbędna, aby zyskać szacunek sędziów, ławy przysięgłych i innych prawników. Odkurz swój najlepszy garnitur i wypoleruj maniery, bo zanurzamy się w świat etykiety na sali sądowej.

Zacznijmy od podstaw – dress code'u. Na sali sądowej liczy się pierwsze wrażenie, a Twój wygląd świadczy o Twoim profesjonalizmie i szacunku dla procesu prawnego. Odpowiedni ubiór jest oznaką szacunku dla sądu i postępowania, dlatego ważne jest przestrzeganie zasad ubioru. W przypadku mężczyzn oznacza to zazwyczaj ciemny garnitur, koszulę i konserwatywny krawat. W przypadku kobiet normą jest dopasowany garnitur, bluzka i buty z zakrytymi palcami. Unikaj krzykliwych akcesoriów, nadmiernej biżuterii i wszystkiego, co jest zbyt swobodne lub odkrywcze. Pamiętaj, że na sali sądowej lepiej być ubranym przesadnie niż niedostatecznie ubranym.

Następnie porozmawiajmy o punktualności. W świecie prawa liczy się czas, a spóźnienie jest grzechem kardynalnym. Przychodź wcześniej na rozprawy, spotkania i spotkania w sądzie, aby mieć czas na kontrole bezpieczeństwa, odprawy i wszelkie przygotowania w ostatniej chwili. Bycie punktualnym nie tylko świadczy o szacunku dla sądu i współpracowników, ale także daje czas na zebranie myśli i opanowanie się przed rozpoczęciem postępowania.

Porozmawiajmy teraz o wystroju sali sądowej. Na sali sądowej odpowiednie przyzwoitość jest niezbędna do utrzymania porządku oraz zapewnienia uczciwego i bezstronnego postępowania. Zwracając się do sędziego lub ławy przysięgłych, należy wstać i zwrócić się do nich z szacunkiem: „Wysoki Sądzie" lub „Panie i Panowie przysięgli". Unikaj przerywania innym, gdy mówią, i czekaj na swoją kolej, aby zabrać głos. Zawsze zwracaj się do obrońców i świadków strony przeciwnej z uprzejmością i profesjonalizmem, nawet jeśli stanowczo się z nimi nie zgadzasz.

Porozmawiajmy o zachowaniu na sali sądowej. W ferworze bitwy łatwo jest pozwolić, aby emocje wzięły górę, ale utrzymanie spokojnej i opanowanej postawy ma kluczowe znaczenie dla skutecznego rzecznictwa. Zachowaj spokój, nawet w obliczu agresywnych pytań lub prowokacyjnych uwag. Zachowaj neutralny wyraz twarzy i unikaj przewracania oczami, wzdychania i wykonywania innych gestów, które można zinterpretować jako brak szacunku lub pogardę. Pamiętaj, że sala sądowa to nie miejsce na występy teatralne ani występy – zachowaj to na scenie.

Porozmawiajmy teraz o technologii sali sądowej. W dzisiejszej epoce cyfrowej technologia odgrywa coraz większą rolę na sali sądowej, począwszy od elektronicznych systemów archiwizacji po prezentacje multimedialne. Zapoznaj się z technologią stosowaną na sali sądowej, niezależnie od tego, czy są to kamery dokumentacyjne, oprogramowanie do wideokonferencji czy eksponaty cyfrowe. Przećwicz korzystanie z tej technologii przed wystąpieniem na korcie, aby zapewnić płynne i płynne prezentacje.

Porozmawiajmy o komunikacji na sali sądowej. Skuteczna komunikacja jest kluczem do sukcesu na sali sądowej, niezależnie od tego, czy przedstawiasz argumenty, przesłuchujesz świadków, czy przemawiasz do ławy przysięgłych. Mów wyraźnie i pewnie oraz używaj języka odpowiedniego dla odbiorców. Unikaj żargonu prawniczego i złożonej terminologii – wyjaśniaj pojęcia prostym językiem, zrozumiałym dla sędziego i ławy przysięgłych. Zawsze bądź przygotowany na poparcie swoich argumentów dowodami i autorytetem prawnym.

Następnie porozmawiajmy o procedurze na sali sądowej. Każda sala sądowa ma swój własny zbiór zasad i procedur, z którymi ważne jest zapoznanie się z nimi przed wystąpieniem. Zapoznaj się z lokalnymi przepisami sądowymi, stałymi postanowieniami sędziego oraz wszelkimi obowiązującymi przepisami lub orzecznictwem regulującymi postępowanie. Nie wahaj się też zadawać pytań, jeśli nie masz pewności co do jakiegokolwiek aspektu procedury — lepiej poprosić o wyjaśnienia, niż popełnić kosztowny błąd.

Porozmawiajmy teraz o rzecznictwie na sali sądowej. Jako prawnik, Twoją główną rolą na sali sądowej jest gorliwe występowanie w imieniu swojego klienta. Ale wspieranie nie oznacza agresji. Oznacza to przedstawienie swojej sprawy w sposób przekonujący i skuteczny, przy jednoczesnym zachowaniu zasad przyzwoitości i profesjonalizmu. Słuchaj uważnie argumentów strony przeciwnej, odpowiadaj w sposób przemyślany i zawsze kieruj się najlepszym interesem swojego klienta.

Porozmawiajmy o etyce na sali sądowej. W dążeniu do sprawiedliwości istotne jest przestrzeganie najwyższych standardów etyki i uczciwości. Unikaj zachowań nieuczciwych, zwodniczych lub nieetycznych i zawsze przestrzegaj zasad postępowania zawodowego oraz kodeksu etyki prawników. Szanuj prawa wszystkich stron zaangażowanych w postępowanie i nigdy nie narażaj swojej uczciwości w imię wygrania sprawy.

Na koniec porozmawiajmy o etykiecie sali sądowej poza salą sądową. W zawodzie prawnika Twoje zachowanie poza salą sądową może mieć taki sam wpływ na Twoją reputację, jak Twoje zachowanie na sali sądowej. Zawsze traktuj personel sądu, współpracowników i obrońcę strony przeciwnej z szacunkiem i uprzejmością, niezależnie od tego, czy jesteś na korytarzu, w sali konferencyjnej, czy w lokalnej kawiarni. I zawsze pamiętaj, że jesteś przedstawicielem zawodu prawnika – postępuj zgodnie z tym.

Podsumowując, etykieta na sali sądowej jest umiejętnością niezbędną do osiągnięcia sukcesu w zawodzie prawniczym. Przestrzegając zasad profesjonalizmu, szacunku i uczciwości, możesz poruszać się po korytarzach sprawiedliwości z wdziękiem i godnością.

Dlatego stój dumnie, mów wyraźnie i zawsze zachowuj się z najwyższym profesjonalizmem. Sala sądowa to Twoja scena – spraw, aby każdy występ się liczył.

Techniki negocjacyjne: Opanowanie sztuki perswazji

Witamy na polu bitwy negocjacji, gdzie słowa są bronią, a strategia jest królem. W zawodzie prawnika opanowanie sztuki negocjacji jest niezbędne do osiągnięcia korzystnych wyników dla klientów. Zatem wyostrz swój umysł i przygotuj się na wymanewrowanie przeciwników, ponieważ zanurzamy się w świat technik negocjacyjnych.

Zacznijmy od podstaw – przygotowania. Udane negocjacje nie są dziełem przypadku — są wynikiem starannego planowania i przygotowań. Przed przystąpieniem do negocjacji poświęć trochę czasu na dokładne zbadanie poruszanych kwestii, zrozumienie celów i priorytetów klienta oraz przewidzenie argumentów i taktyki drugiej strony. Wiedza to potęga, a im więcej wiesz, tym lepiej będziesz przygotowany do skutecznych negocjacji.

Porozmawiajmy teraz o wyznaczaniu celów. Zanim zasiądziesz do stołu negocjacyjnego, ważne jest, aby dobrze zrozumieć, co chcesz osiągnąć. Wyznacz konkretne, mierzalne cele negocjacji, niezależnie od tego, czy będzie to zapewnienie korzystnego porozumienia, uzyskanie określonych ustępstw, czy osiągnięcie porozumienia korzystnego dla obu stron. Poznaj swój wynik końcowy — moment, w którym chcesz odejść — i bądź przygotowany na to, aby się go trzymać.

Następnie porozmawiajmy o budowaniu relacji. Budowanie relacji z drugą stroną ma kluczowe znaczenie dla budowania zaufania i tworzenia pozytywnego środowiska negocjacyjnego. Znajdź wspólną płaszczyznę porozumienia, okazuj empatię i zrozumienie, a także zawsze okazuj szacunek i uprzejmość. Pamiętaj, że negocjacje to nie gra o sumie zerowej – polegają na znalezieniu rozwiązań, które zadowolą interesy obu stron.

Porozmawiajmy o aktywnym słuchaniu. Skuteczne negocjacje to nie tylko mówienie – to także słuchanie. Słuchaj uważnie obaw, interesów i priorytetów drugiej strony i spróbuj zrozumieć jej punkt widzenia. Zadawaj pytania otwarte, aby zachęcić ich do podzielenia się przemyśleniami i uczuciami oraz pokaż, że naprawdę jesteś zainteresowany znalezieniem rozwiązania, które będzie korzystne dla obu stron.

Porozmawiajmy teraz o kadrowaniu. Ramowanie to potężna technika perswazji, która polega na kształtowaniu sposobu, w jaki druga strona postrzega omawiane kwestie. Przedstaw swoje argumenty i propozycje w sposób podkreślający ich zalety i bagatelizujący wady. Używaj pozytywnego języka i przekonującej retoryki, aby przedstawić swoje racje, i bądź przygotowany na odparcie wszelkich zastrzeżeń lub krytyki za pomocą przekonujących argumentów i dowodów.

Porozmawiajmy o koncesjach. Negocjacje opierają się na zasadzie dawania i brania, a ustępstwa są nieuniknioną częścią procesu. W razie potrzeby bądź przygotowany na ustępstwa, ale rób to strategicznie. Zacznij od małych ustępstw o niskiej wartości i stopniowo zmierzaj do bardziej znaczących. I zawsze proś o coś w zamian – negocjacje to droga dwukierunkowa i nigdy nie powinieneś dawać czegoś za darmo.

Następnie porozmawiajmy o taktyce negocjacyjnej. Istnieje niezliczona ilość taktyk i strategii, które możesz zastosować, aby zyskać przewagę w negocjacjach, od zakotwiczenia i odzwierciedlania po blef i stonewalling. Eksperymentuj z różnymi taktykami i technikami, aby zobaczyć, która będzie najlepsza dla Ciebie i Twojego stylu negocjacji, i przygotuj się na dostosowanie swojego podejścia do okoliczności i zachowania drugiej strony.

Porozmawiajmy o kreatywnym rozwiązywaniu problemów. Czasami kluczem do udanych negocjacji nie jest znalezienie wspólnej płaszczyzny porozumienia, ale nieszablonowe myślenie i poszukiwanie kreatywnych rozwiązań istniejących problemów. Przeprowadź burzę mózgów na temat alternatywnych opcji, rozważ kompromisy i kompromisy oraz bądź otwarty na innowacyjne pomysły, które być może początkowo nie przyszły Ci do głowy. Im bardziej jesteś elastyczny i kreatywny, tym większe prawdopodobieństwo, że znajdziesz rozwiązanie, które zaspokoi interesy obu stron.

Na koniec porozmawiajmy o zamknięciu transakcji. Zamknięcie umowy jest często najtrudniejszą częścią procesu negocjacji, ale jest także najważniejszą. Po osiągnięciu porozumienia jasno podsumuj warunki i upewnij się, że obie strony je rozumieją i wyrażają na nie zgodę. Jeśli to możliwe, sporządź umowę na piśmie i bądź przygotowany na dostarczenie wszelkiej niezbędnej dokumentacji lub działań w celu sfinalizowania transakcji. I zawsze kończ negocjacje pozytywnym akcentem, wyrażając wdzięczność i dobrą wolę wobec drugiej strony.

Podsumowując, negocjacje są zarówno sztuką, jak i nauką, wymagającą starannego planowania, myślenia strategicznego i skutecznej komunikacji. Opanowując techniki negocjacyjne, takie jak przygotowanie, wyznaczanie celów, budowanie relacji, aktywne słuchanie, formułowanie ram, ustępstwa, taktyka, kreatywne rozwiązywanie problemów i finalizowanie transakcji, możesz osiągnąć korzystne wyniki dla swoich klientów i zbudować swoją reputację jako wykwalifikowanego negocjator w zawodzie prawniczym. Uzbrój się więc w wiedzę, doskonal swoje umiejętności perswazji i przygotuj się na zwycięstwo w kolejnych negocjacjach.

Budowanie sieci zawodowej: tworzenie połączeń i wspieranie sukcesu

Witamy w świecie profesjonalnych sieci kontaktów, gdzie relacje są walutą, a kontakty mogą otworzyć drzwi do nowych możliwości. W zawodzie prawniczym budowanie silnej sieci zawodowej jest niezbędne do rozwoju kariery, zdobycia cennych spostrzeżeń i otwarcia drzwi na nowe możliwości. Łap więc swoje wizytówki i prezentację windową, ponieważ zanurzamy się w świat networkingu.

Zacznijmy od podstaw — zdefiniowania celów. Zanim zaczniesz nawiązywać kontakty, poświęć trochę czasu na przemyślenie tego, co chcesz osiągnąć. Czy chcesz poszerzyć bazę klientów, znaleźć mentora lub odkryć nowe możliwości kariery? Posiadanie jasnych celów pomoże Ci skoncentrować wysiłki w zakresie networkingu i maksymalnie wykorzystać swój czas i energię.

Porozmawiajmy teraz o tym, gdzie połączyć się z siecią. W zawodach prawniczych istnieje mnóstwo możliwości nawiązywania kontaktów, od wydarzeń i konferencji prawniczych po spotkania absolwentów i spotkania networkingowe. Poszukaj wydarzeń i organizacji, które są zgodne z Twoimi zainteresowaniami i celami, i staraj się regularnie w nich uczestniczyć. Nie zapomnij o sieciach społecznościowych — platformy mediów społecznościowych, takie jak LinkedIn, mogą być potężnymi narzędziami do nawiązywania kontaktu ze współpracownikami, klientami i potencjalnymi pracodawcami.

Porozmawiajmy o zrobieniu dobrego pierwszego wrażenia. W świecie networkingu najważniejsze jest pierwsze wrażenie. Ubieraj się profesjonalnie, uśmiechaj się i nawiązuj kontakt wzrokowy, gdy poznajesz nowych ludzi. Bądź przystępny i przyjazny, przedstaw się mocnym uściskiem dłoni i pewną siebie postawą. I nie zapomnij słuchać — zadawaj pytania, okazuj prawdziwe zainteresowanie drugą osobą i zwracaj uwagę na jej odpowiedzi.

Porozmawiajmy teraz o skoku windy. Prezentacja w windzie to Twoja szansa, aby zrobić niezapomniane wrażenie i wywołać rozmowę z kimś nowym. Mów krótko, słodko i na temat – nie dłużej niż 30 sekund. Przedstaw się, wspomnij czym się zajmujesz i podkreśl to, co wyróżnia Cię z tłumu. I nie zapomnij dostosować swojej prezentacji do odbiorców — to, co przemawia do jednej osoby, może nie spodobać się innej.

Porozmawiajmy o etykiecie networkingu. Networking polega na budowaniu relacji, a to wymaga szacunku, uprzejmości i profesjonalizmu. Uważaj na czas i przestrzeń innych osób — nie monopolizuj rozmowy ani nie przerywaj innym, gdy mówią. Po wydarzeniach networkingowych zawsze śledź e-mail z podziękowaniami lub wiadomość na LinkedIn — to prosty gest, który może znacznie pomóc w budowaniu relacji i utrzymywaniu kontaktu.

Następnie porozmawiajmy o wartości dodanej. Skuteczny networking to nie tylko to, co możesz zyskać, ale także to, co możesz dać. Poszukaj sposobów na dodanie wartości do swojej sieci, niezależnie od tego, czy chodzi o dzielenie się swoją wiedzą, przedstawianie się, czy oferowanie pomocy i wsparcia. Bądź hojny w swoim czasie i zasobach, a przekonasz się, że Twoja sieć będzie więcej niż chętna do odwdzięczenia się.

Porozmawiajmy o utrzymywaniu kontaktu. Budowanie profesjonalnej sieci kontaktów to proces ciągły i ważne jest, aby z czasem utrzymywać kontakt ze swoimi kontaktami. Utrzymuj kontakt ze swoją siecią poprzez regularne e-maile, rozmowy telefoniczne lub spotkania przy kawie. Dziel się informacjami na temat swojej kariery, gratuluj im sukcesów i oferuj wsparcie, gdy zajdzie taka potrzeba. I nie zapomnij pielęgnować relacji, które są dla Ciebie najważniejsze — to one przyniosą korzyści w dłuższej perspektywie.

Porozmawiajmy teraz o wykorzystaniu Twojej sieci. Twoja sieć kontaktów zawodowych może być cennym źródłem porad, wsparcia i możliwości przez całą karierę. Nie bój się kontaktować ze swoimi kontaktami, gdy potrzebujesz pomocy lub porady, niezależnie od tego, czy chodzi o poszukiwanie pracy, zmianę kariery czy trudną sprawę. Bądź też proaktywny, oferując swoje wsparcie i pomoc innym osobom w swojej sieci — to niezawodny sposób na wzmocnienie relacji i budowanie dobrej woli.

Na koniec porozmawiajmy o dawaniu czegoś od siebie. W miarę postępów w karierze i budowania sieci kontaktów zawodowych nie zapomnij o przekazaniu środków. Bądź mentorem dla młodszych kolegów, ofiaruj swój czas i wiedzę na szczytne cele oraz wspieraj inicjatywy promujące różnorodność i włączenie w zawodzie prawnika. Odwdzięczając się swojemu zawodowi i społeczności, nie tylko wywrzesz pozytywny wpływ na otaczający cię świat, ale także wzmocnisz swoją sieć kontaktów i poprawisz swoją reputację jako lidera w zawodzie prawniczym.

Podsumowując, budowanie silnej sieci zawodowej jest niezbędne do osiągnięcia sukcesu w zawodzie prawniczym. Definiując swoje cele, szukając możliwości nawiązywania kontaktów, robiąc dobre pierwsze wrażenie, doskonaląc swoją atrakcyjność, ćwicząc etykietę networkingu, dodając wartość, utrzymując kontakt, wykorzystując swoją sieć kontaktów i odwdzięczając się, możesz nawiązać znaczące kontakty, rozwijać swoją karierę i sprzyjać sukcesom w zawodzie prawniczym. Wyjdź więc, uściśnij dłoń i zacznij budować swoją sieć kontaktów — to klucz do odblokowania nieskończonych możliwości w świecie prawa.

Znalezienie mentora: nawigacja ścieżką do poradnictwa zawodowego

Na drodze do kariery prawniczej posiadanie mentora może być latarnią prowadzącą Cię przez zawiłości zawodu. Mentor oferuje bezcenną mądrość, rady i wsparcie, pomagając Ci poruszać się po zawiłościach świata prawnego i wytyczyć kurs na sukces. Jednak znalezienie odpowiedniego mentora nie zawsze jest łatwe — wymaga cierpliwości, wytrwałości i proaktywnego podejścia. Przyjrzyjmy się więc sztuce znajdowania mentora i krokom, które możesz podjąć, aby stworzyć znaczącą relację mentorską.

Przede wszystkim zrozum, czego szukasz u mentora. Zastanów się nad swoimi celami zawodowymi, aspiracjami i obszarami, w których możesz skorzystać ze wskazówek i wsparcia. Szukasz kogoś, kto specjalizuje się w określonej dziedzinie prawa? A może szukasz kogoś, kto pomoże Ci pokonać wyzwania związane z równowagą między życiem zawodowym a prywatnym lub rozwojem kariery. Wyjaśniając swoje cele, możesz lepiej ukierunkować poszukiwania mentora, który będzie odpowiadał Twoim potrzebom i aspiracjom.

Gdy już będziesz miał jasne pojęcie, czego szukasz, zacznij od przejrzenia istniejącej sieci. Twoim mentorem może być były profesor, kolega, przełożony, a nawet przyjaciel rodziny. Skontaktuj się ze swoimi kontaktami i daj im znać, że szukasz mentoringu. Określ konkretnie, czego szukasz i dlaczego Twoim zdaniem będą pasować na mentora. Możesz być zaskoczony, jak ludzie są otwarci na ideę mentoringu i chętni do dzielenia się swoją mądrością i doświadczeniem.

Jeśli nie możesz znaleźć mentora w swojej istniejącej sieci kontaktów, nie rozpaczaj. Poszukaj możliwości mentoringu w organizacjach zawodowych, izbach adwokackich lub grupach powinowactwa. Grupy te często oferują programy mentorskie lub wydarzenia networkingowe, podczas których można nawiązać kontakt z doświadczonymi prawnikami, którzy chcą służyć w roli mentorów. Regularnie uczęszczaj na te wydarzenia, bierz aktywny udział i staraj się budować relacje z potencjalnymi mentorami.

Inną możliwością znalezienia mentora są sieci absolwentów lub stowarzyszenia absolwentów szkół prawniczych. Skontaktuj się z absolwentami, którzy pracują w dziedzinach lub obszarach praktyki, które Cię interesują, i zapytaj, czy byliby skłonni zostać Twoim mentorem. Absolwenci często chętnie odwdzięczają się swojej macierzystej uczelni i pomagają odnieść sukces następnemu pokoleniu prawników. Skorzystaj z tego zasobu i wykorzystaj swoje kontakty w społeczności absolwentów, aby znaleźć mentora, który pomoże Ci poprowadzić Cię na ścieżce kariery.

Nie zapominaj o sile mediów społecznościowych w poszukiwaniu mentora. Platformy takie jak LinkedIn oferują bogactwo możliwości nawiązywania kontaktów, umożliwiając kontakt z prawnikami z całego świata. Użyj LinkedIn, aby wyszukać prawników, którzy pracują w wybranej przez Ciebie dziedzinie praktyki lub mają doświadczenie w obszarach, w których szukasz wskazówek. Wyślij im spersonalizowaną wiadomość, przedstawiając się i wyjaśniając, dlaczego chcesz się z nimi skontaktować. Szanuj ich czas i daj jasno do zrozumienia, że szukasz mentora, a nie tylko pracy lub przysługi.

Po zidentyfikowaniu potencjalnych mentorów przejmij inicjatywę, aby skontaktować się z nimi i rozpocząć rozmowę. Bądź proaktywny i wytrwały — nie zniechęcaj się, jeśli nie otrzymasz odpowiedzi od razu. Zachowuj się grzecznie i z szacunkiem oraz okaż prawdziwe zainteresowanie nawiązaniem relacji mentorskiej. Zaproponuj spotkanie przy kawie lub lunchu, aby dokładniej omówić swoje cele i zainteresowania. Pamiętaj, że budowanie relacji mentorskiej wymaga czasu i wysiłku, więc bądź cierpliwy i wytrwały w dążeniu do celu.

Kiedy spotkasz się z potencjalnym mentorem, bądź przygotowany na słuchanie i uczenie się. Zadawaj przemyślane pytania, szukaj ich rady i punktu widzenia oraz bądź otwarty na konstruktywne opinie. Okaż wdzięczność za ich czas i mądrość oraz wyraź swoje prawdziwe uznanie za chęć bycia mentorem dla Ciebie. Budowanie silnej relacji mentorskiej działa dwukierunkowo, więc bądź gotowy zainwestować czas i wysiłek w pielęgnowanie relacji i okazanie swojego zaangażowania w przewodnictwo i wsparcie mentora.

Kontynuując swoją podróż w zawodzie prawniczym, nie zapomnij o jej spłacie. Kiedy już znajdziesz mentora, który wywarł pozytywny wpływ na Twoją karierę, rozważ pełnienie roli mentora dla innych, którzy dopiero zaczynają. Podziel się swoją wiedzą, doświadczeniem i spostrzeżeniami z kolejnym pokoleniem prawników i pomóż im stawić czoła wyzwaniom i możliwościom, jakie stwarza zawód prawniczy. Odwdzięczając się i wspierając innych na ich drodze, nie tylko uhonorujesz dziedzictwo własnego mentora, ale także przyczynisz się do rozwoju i sukcesu społeczności prawniczej jako całości.

Podsumowując, znalezienie mentora to kluczowy krok na drodze do kariery prawniczej. Wyjaśniając swoje cele, wykorzystując istniejącą sieć kontaktów, szukając możliwości mentoringu oraz będąc proaktywnym i wytrwałym w dążeniu do celu, możesz znaleźć mentora, który może zaoferować bezcenne wskazówki i wsparcie podczas poruszania się po zawiłościach zawodu prawnika. Nie bój się więc kontaktować, nawiązywać kontaktów i tworzyć znaczących relacji mentorskich – może to być klucz do uwolnienia Twojego pełnego potencjału jako prawnika.

Ustawiczne kształcenie prawnicze (CLE): Uczenie się przez całe życie w zawodzie prawniczym

Witamy w świecie ustawicznej edukacji prawnej (CLE), gdzie pogoń za wiedzą nigdy się nie kończy i dążenie do doskonałości trwa. W zawodzie prawnika bycie na bieżąco z najnowszymi osiągnięciami prawa i praktyki jest niezbędne do utrzymania kompetencji, skutecznej obsługi klientów i rozwoju kariery. Przyjrzyjmy się zatem znaczeniu CLE i sposobom maksymalnego wykorzystania tego nieocenionego zasobu.

Przede wszystkim porozmawiajmy o tym, dlaczego CLE ma znaczenie. Krajobraz prawny stale się rozwija, a każdego dnia pojawiają się nowe przepisy, regulacje i precedensy. Bycie na bieżąco z tymi zmianami ma kluczowe znaczenie dla zapewnienia kompetentnej i skutecznej reprezentacji swoich klientów. CLE zapewnia możliwość pogłębienia wiedzy na temat istotnych dziedzin prawa, poznania pojawiających się trendów i problemów oraz doskonalenia umiejętności prawnika. Niezależnie od tego, czy jesteś doświadczonym prawnikiem, czy nowo przyjętym prawnikiem, CLE jest niezbędne, aby zachować konkurencyjność i przydatność na dzisiejszym rynku prawniczym.

Porozmawiajmy teraz o różnych typach CLE. Programy CLE są dostępne w różnych formatach, w tym seminariach na żywo, seminariach internetowych, kursach online, konferencjach, warsztatach i materiałach do samodzielnej nauki. Każdy format ma swoje zalety i elastyczność, dzięki czemu możesz dostosować naukę CLE do swojego harmonogramu i preferencji edukacyjnych. Niezależnie od tego, czy wolisz uczestniczyć w wydarzeniach osobistych, uczestniczyć w programach wirtualnych, czy uczyć się we własnym tempie, istnieje format CLE odpowiedni dla Ciebie.

Następnie porozmawiajmy o tematach objętych CLE. Programy CLE obejmują szeroki zakres tematów, od istotnych dziedzin prawa, takich jak umowy, delikty i postępowanie karne, po praktykę zarządzania, etykę i profesjonalizm. Niezależnie od tego, czy chcesz pogłębić swoją wiedzę w swojej podstawowej dziedzinie praktyki, czy poszerzyć swoją wiedzę o nowe obszary prawa, istnieje program CLE, który pomoże Ci osiągnąć Twoje cele. Wiele jurysdykcji wymaga również od prawników uzyskania określonej liczby punktów w określonych obszarach tematycznych, dlatego należy sprawdzić wymagania CLE obowiązujące w Twoim stanie, aby zapewnić zgodność.

Porozmawiajmy o znalezieniu programów CLE. Istnieje wielu dostawców programów CLE, w tym izby adwokackie, szkoły prawnicze, organizacje zawodowe i firmy prywatne. Wielu z tych dostawców oferuje szeroką gamę programów obejmujących różne tematy i formaty, co ułatwia znalezienie możliwości CLE odpowiadających Twoim potrzebom i zainteresowaniom. Ponadto platformy internetowe, takie jak West LegalEdcenter, Lawline i Practicing Law Institute (PLI), oferują obszerne biblioteki kursów CLE, do których można uzyskać dostęp w dowolnym miejscu i czasie.

Porozmawiajmy teraz o maksymalizacji wartości CLE. Uczestnictwo w programach CLE to dopiero pierwszy krok — maksymalizacja wartości CLE wymaga aktywnego zaangażowania i zastosowania tego, czego się nauczyłeś. Rób notatki podczas sesji CLE, bierz udział w dyskusjach i zadawaj pytania, aby wyjaśnić wszelkie niejasności. Po zakończeniu programu poświęć trochę czasu na zastanowienie się nad tym, czego się nauczyłeś i jak możesz zastosować to w swojej praktyce. Rozważ omówienie kluczowych wniosków ze współpracownikami lub mentorami i zbadaj możliwości włączenia nowej wiedzy i umiejętności do swojej pracy.

Porozmawiajmy o śledzeniu kredytów CLE. Większość jurysdykcji wymaga od prawników śledzenia swoich punktów CLE i okresowego raportowania ich do stanowej rady adwokackiej lub organu wydającego licencje. Prowadź szczegółowe zapisy programów CLE, w których uczestniczysz, w tym datę, tytuł, dostawcę i liczbę uzyskanych punktów. Pamiętaj, aby sprawdzić, czy programy, w których uczestniczysz, są akredytowane przez adwokaturę stanową lub organ wydający licencje, aby zapewnić zgodność z wymogami CLE. Wiele stanów oferuje także portale lub systemy internetowe umożliwiające prawnikom wygodne zgłaszanie swoich punktów CLE.

Na koniec porozmawiajmy o zaletach CLE wykraczających poza spełnienie obowiązkowych wymagań. CLE to nie tylko zdobywanie punktów – to inwestowanie w rozwój zawodowy i rozwój jako prawnika. Uczestnicząc w programach CLE, możesz poszerzać swoją wiedzę, doskonalić swoje umiejętności, być na bieżąco z rozwojem w swojej dziedzinie praktyki oraz nawiązywać kontakt ze współpracownikami i ekspertami w tej dziedzinie. CLE oferuje także możliwości nawiązywania kontaktów, mentoringu i współpracy, pomagając budować relacje i rozwijać karierę w zawodzie prawniczym.

Podsumowując, ustawiczne kształcenie prawnicze (CLE) jest kamieniem węgielnym rozwoju zawodowego i uczenia się przez całe życie w zawodzie prawniczym. Śledząc rozwój prawa i praktyki, pogłębiając swoją wiedzę specjalistyczną i poszerzając sieć zawodową, możesz zwiększyć swoją skuteczność jako prawnika i zapewnić sobie sukces w dzisiejszym dynamicznym krajobrazie prawnym. Wykorzystaj więc możliwości, jakie oferuje CLE i wykorzystaj w pełni ten nieoceniony zasób, aby rozwijać swoją karierę i osiągnąć swoje cele jako prawnik.

Specjalizacja i certyfikacja: podnoszenie swojej wiedzy specjalistycznej na arenie prawnej

Witamy w świecie specjalizacji i certyfikacji w zawodzie prawniczym, gdzie ceniona jest wiedza specjalistyczna, a referencje mogą otworzyć drzwi do nowych możliwości. W coraz bardziej konkurencyjnym środowisku prawnym specjalizacja w określonej dziedzinie praktyki i uzyskanie certyfikatów może wyróżnić Cię na tle innych, zwiększyć Twoją wiarygodność i przyspieszyć karierę. Przyjrzyjmy się zatem znaczeniu specjalizacji i certyfikacji oraz sposobom ich wykorzystania, aby podnieść swoją wiedzę specjalistyczną na arenie prawnej.

Przede wszystkim porozmawiajmy o specjalizacji. Specjalizacja polega na skupieniu praktyki na określonej dziedzinie prawa, takiej jak prawo rodzinne, własność intelektualna lub obrona w sprawach karnych. Koncentrując swoje wysiłki na konkretnym obszarze praktyki, możesz zdobyć głęboką wiedzę specjalistyczną, doskonalić swoje umiejętności i zyskać opinię eksperta w swojej dziedzinie. Specjalizacja pozwala odróżnić się od lekarzy pierwszego kontaktu i pozycjonować się jako zaufany doradca i orędownik klientów o specjalistycznych potrzebach.

Porozmawiajmy teraz o korzyściach płynących ze specjalizacji. Specjalizacja w konkretnym obszarze praktyki niesie ze sobą wiele korzyści zarówno dla Ciebie, jak i Twoich klientów. Na początek specjalizacja pozwala na głębokie zrozumienie niuansów, złożoności i zawiłości wybranej dziedziny, co pozwala zapewnić klientom skuteczniejszą i ukierunkowaną reprezentację. Specjalizacja pozwala także na budowanie reputacji autorytetu w swojej dziedzinie, przyciągając klientów poszukujących wiedzy i doświadczenia w tej dziedzinie prawa. Ponadto specjalizacja może prowadzić do zwiększenia satysfakcji z pracy i spełnienia, ponieważ koncentrujesz się na pracy zgodnej z Twoimi zainteresowaniami, pasjami i mocnymi stronami.

Następnie porozmawiajmy o certyfikacji. Certyfikacja to formalne uznanie wiedzy specjalistycznej i kompetencji w określonej dziedzinie praktyki, przyznawane przez uznaną jednostkę akredytującą lub organizację zawodową. Uzyskanie certyfikatu świadczy o Twoim zaangażowaniu w dążenie do doskonałości, zaangażowaniu w rozwój zawodowy oraz chęci spełnienia i utrzymania rygorystycznych standardów wiedzy i umiejętności w wybranej dziedzinie. Chociaż certyfikacja nie zawsze jest wymagana do wykonywania zawodu w określonej dziedzinie prawa, może ona zwiększyć Twoją wiarygodność i atrakcyjność rynkową jako prawnika.

Porozmawiajmy teraz o tym, jak uzyskać specjalizację i certyfikat. Proces uzyskiwania specjalizacji i certyfikacji różni się w zależności od jurysdykcji oraz jednostki lub organizacji akredytującej. W niektórych przypadkach konieczne może być spełnienie określonych wymagań edukacyjnych, wykazanie minimalnego poziomu doświadczenia w danej dziedzinie oraz zdanie kompleksowego egzaminu lub oceny. W celu utrzymania certyfikatu może być również wymagane uczestnictwo w ustawicznym kształceniu lub doskonaleniu zawodowym.

Porozmawiajmy o wyborze odpowiedniej specjalizacji i certyfikacji. Wybierając specjalizację i zdobywając certyfikat, ważne jest, aby wziąć pod uwagę swoje zainteresowania, mocne strony i cele zawodowe. Wybierz obszar praktyki, który jest zgodny z Twoimi pasjami i talentami oraz w którym widzisz możliwości rozwoju i awansu. Przeanalizuj różne programy certyfikacji i jednostki akredytujące, aby znaleźć taki, który cieszy się reputacją, szacunkiem i uznaniem w zawodzie prawniczym. Nie bój się szukać wskazówek u mentorów, współpracowników i ekspertów w danej dziedzinie, którzy mogą zaoferować spostrzeżenia i porady oparte na własnych doświadczeniach.

Następnie porozmawiajmy o wartości specjalizacji i certyfikacji w zawodzie prawniczym. Specjalizacja i certyfikacja mogą otworzyć drzwi do nowych możliwości i awansu zawodowego. Mogą zwiększyć Twoją wiarygodność i reputację eksperta w swojej dziedzinie, przyciągając klientów, rekomendacje i możliwości zawodowe. Mogą również zwiększyć Twój potencjał zarobkowy i satysfakcję z pracy, ponieważ staniesz się znany ze swojej specjalistycznej wiedzy i umiejętności dostarczania wyników swoim klientom. Ponadto specjalizacja i certyfikaty mogą zapewnić poczucie dumy i osiągnięć, gdy zdobędziesz uznanie za swoje zaangażowanie i biegłość w określonej dziedzinie prawa.

Na koniec porozmawiajmy o kształceniu ustawicznym i rozwoju zawodowym. Specjalizacja i certyfikacja to nie koniec podróży – to dopiero początek. Aby utrzymać swoją wiedzę specjalistyczną i być na bieżąco z rozwojem w swojej dziedzinie, konieczne jest zaangażowanie się w ciągłe kształcenie i doskonalenie zawodowe. Weź udział w konferencjach, seminariach i warsztatach w swojej dziedzinie praktyki, czytaj profesjonalne czasopisma i publikacje oraz bierz udział w kursach i seminariach internetowych. Pozostań w kontakcie ze współpracownikami i ekspertami w swojej dziedzinie oraz bądź otwarty na nowe pomysły, perspektywy i możliwości rozwoju i uczenia się.

Podsumowując, specjalizacja i certyfikacja to potężne narzędzia zwiększające wiedzę i wiarygodność w zawodzie prawniczym. Koncentrując swoją praktykę na konkretnej dziedzinie prawa i zdobywając certyfikaty, możesz wyróżnić się na tle konkurencji, przyciągnąć klientów oraz osiągnąć większy sukces i spełnienie w swojej karierze. Wykorzystaj więc możliwości, jakie oferują specjalizacja i certyfikacja, i wykorzystaj je w pełni, aby podnieść swoją wiedzę i osiągnąć sukces na arenie prawnej.

Zrozumienie etyki prawnej: poruszanie się po moralnym kompasie zawodu prawnika

Witamy w świecie etyki prawniczej, gdzie kompas moralny zawodu prawnika kieruje postępowaniem prawników i stoi na straży zasad sprawiedliwości, uczciwości i profesjonalizmu. W zawodzie prawnika względy etyczne mają ogromne znaczenie i kształtują każdy aspekt praktyki prawnika oraz jego interakcji z klientami, współpracownikami i sądem. Zagłębmy się zatem w zasady etyki prawniczej, zasady postępowania adwokata oraz znaczenie przestrzegania standardów etycznych w praktyce prawniczej.

Przede wszystkim porozmawiajmy o fundamencie etyki prawniczej – obowiązku przestrzegania praworządności oraz sprawiedliwego i bezstronnego wymierzania sprawiedliwości. Jako funkcjonariusze sądu prawnicy odgrywają kluczową rolę w wymierzaniu sprawiedliwości, reprezentując interesy swoich klientów w granicach prawa i zapewniając przestrzeganie zasad uczciwości, słuszności i należytego procesu. Utrzymanie praworządności wymaga od prawników działania w sposób uczciwy, uczciwy i poszanowany dla systemu prawnego oraz praw wszystkich zaangażowanych stron.

Porozmawiajmy teraz o znaczeniu poufności i tajemnicy adwokackiej. Poufność jest kamieniem węgielnym relacji prawnik-klient, chroniącym prywatność i zaufanie klientów oraz ułatwiającym otwartą i szczerą komunikację między prawnikami a ich klientami. Adwokaci są zobowiązani przestrzegać rygorystycznych zasad etycznych, aby zachować poufność informacji o kliencie, zarówno w trakcie relacji prawnik-klient, jak i po jej zakończeniu. Obowiązek zachowania poufności rozciąga się na całą komunikację i informacje udostępniane w trakcie reprezentacji, niezależnie od tego, czy są one uprzywilejowane, czy nie.

Następnie porozmawiajmy o konfliktach interesów. Konflikty interesów to sytuacje, w których osobiste lub zawodowe interesy prawnika kolidują z jego obowiązkiem działania w najlepszym interesie klienta. Unikanie konfliktów interesów jest niezbędne dla utrzymania uczciwości i wiarygodności zawodu prawnika. Adwokaci mają obowiązek identyfikować i ujawniać swoim klientom wszelkie potencjalne konflikty interesów oraz powstrzymywać się od reprezentowania klientów, gdy konflikt istnieje lub można zasadnie przypuszczać, że istnieje. Niezajęcie się konfliktami interesów może skutkować poważnymi konsekwencjami, w tym działaniami dyscyplinarnymi i sankcjami zawodowymi.

Porozmawiajmy teraz o kompetencjach i pracowitości. Adwokaci mają obowiązek zapewnić swoim klientom kompetentną i sumienną reprezentację, wykorzystując wiedzę, umiejętności i staranność niezbędną do skutecznego reprezentowania klientów. Obowiązek ten wymaga, aby prawnicy byli na bieżąco ze zmianami w prawie, posiadali umiejętności i wiedzę niezbędną do kompetentnego prowadzenia spraw swoich klientów oraz poświęcali odpowiednią ilość czasu i uwagi sprawie każdego klienta. Niespełnienie standardów kompetencji i staranności może skutkować roszczeniami z tytułu nadużyć, działaniami dyscyplinarnymi i szkodą dla klientów.

Porozmawiajmy o uczciwości i szczerości. Adwokaci mają obowiązek postępować uczciwie i bezpośrednio w kontaktach z klientami, stronami przeciwnymi, sądem i osobami trzecimi. Ten obowiązek uczciwości i szczerości rozciąga się na całą komunikację i oświadczenia składane w trakcie reprezentacji, w tym pisma procesowe, wnioski i argumenty ustne. Adwokatom zabrania się składania fałszywych oświadczeń lub przeinaczania faktów i mają oni obowiązek poprawiania wszelkich fałszywych lub wprowadzających w błąd oświadczeń, o których się dowiedzą. Przestrzeganie zasad uczciwości i szczerości jest niezbędne dla utrzymania uczciwości i wiarygodności zawodu prawnika.

Następnie porozmawiajmy o obowiązku gorliwego rzecznictwa. Chociaż prawnicy mają obowiązek energicznego i gorliwego reprezentowania interesów swoich klientów, obowiązek ten musi być zrównoważony z obowiązkiem przestrzegania praworządności i etyki zawodowej. Gorliwe rzecznictwo nie oznacza dążenia do zwycięstwa za wszelką cenę – oznacza dbanie o interesy swoich klientów w granicach prawa i zasad etyki zawodowej. Adwokaci muszą powstrzymywać się od zachowań nieuczciwych, zwodniczych lub szkodliwych dla wymiaru sprawiedliwości, nawet w przypadku gorliwego działania.

Porozmawiajmy teraz o roli etyki prawniczej w szerszym systemie prawnym. Etyka prawnicza stanowi podstawę uczciwości, wiarygodności i profesjonalizmu zawodu prawnika. Przestrzeganie standardów etycznych jest niezbędne dla utrzymania zaufania publicznego do systemu prawnego oraz zapewnienia sprawiedliwego i sprawiedliwego wymierzania sprawiedliwości. Adwokaci przestrzegający zasad etycznych przyczyniają się do integralności i efektywności systemu prawnego, natomiast adwokaci naruszający zasady etyczne podważają zaufanie społeczne i zaufanie do zawodów prawniczych jako całości.

Na koniec porozmawiajmy o znaczeniu ustawicznego kształcenia i szkolenia w zakresie etyki prawniczej. Krajobraz prawny stale się rozwija, a każdego dnia pojawiają się nowe wyzwania, problemy i dylematy etyczne. Adwokaci muszą być na bieżąco z rozwojem etyki prawnej, rozumieć swoje obowiązki etyczne i wiedzieć, jak skutecznie radzić sobie z dylematami etycznymi. Ciągłe kształcenie i szkolenie w zakresie etyki prawniczej jest niezbędne, aby prawnicy posiadali wiedzę, umiejętności i świadomość niezbędną do przestrzegania standardów etycznych i radzenia sobie z wyzwaniami etycznymi w swojej praktyce.

Podsumowując, etyka prawnicza jest kamieniem węgielnym zawodu prawnika, kierującym postępowaniem prawników i zapewniającym integralność, wiarygodność i skuteczność systemu prawnego. Przestrzeganie zasad etycznych jest niezbędne dla utrzymania zaufania publicznego do zawodów prawniczych i wymiaru sprawiedliwości. Przestrzegając standardów etycznych, prawnicy mogą wypełniać swój obowiązek przestrzegania praworządności, bronić interesów swoich klientów i przyczyniać się do uczciwego i sprawiedliwego rozwiązywania sporów w społeczeństwie.

Poufność i przywileje: ochrona zaufania i prywatności w sferze prawnej

Witamy w krainie poufności i przywilejów w zawodzie prawniczym, gdzie zaufanie i prywatność to święte zasady leżące u podstaw relacji prawnik-klient. Poufność i tajemnica to podstawowe pojęcia chroniące integralność komunikacji pomiędzy prawnikami a ich klientami, sprzyjające otwartemu i szczeremu dialogowi oraz zapewniające skuteczną reprezentację interesów klientów. Zagłębmy się zatem w niuanse poufności i przywilejów, ich znaczenie w sferze prawnej oraz obowiązki etyczne, jakie z sobą wiążą.

Przede wszystkim porozmawiajmy o poufności. Poufność jest podstawową zasadą relacji prawnik-klient, chroniącą prywatność i zaufanie klientów oraz promującą otwartą i uczciwą komunikację między prawnikami a ich klientami. W ramach obowiązku zachowania poufności prawnicy mają obowiązek zachowania poufności wszelkich informacji związanych z reprezentacją swoich klientów zarówno w trakcie trwania relacji adwokat-klient, jak i po jej zakończeniu. Obowiązek ten rozciąga się na wszelką komunikację, dokumenty i informacje udostępniane w trakcie reprezentacji, niezależnie od tego, czy jest ona uprzywilejowana, czy nie.

Porozmawiajmy teraz o tajemnicy adwokackiej i klienta. Przywilej adwokacki-klient to doktryna prawna, która chroni niektóre rodzaje komunikacji między prawnikami a ich klientami przed ujawnieniem w postępowaniu sądowym i w innych kontekstach. Przywilej dotyczy poufnej komunikacji pomiędzy klientem a jego pełnomocnikiem w celu uzyskania porady prawnej lub reprezentacji. Aby kwalifikować się do tego przywileju, komunikacja musi być prowadzona w sposób poufny i nieujawniana osobom trzecim poza relacją prawnik-klient. Celem przywileju jest zachęcenie klientów do otwartości i uczciwości wobec prawników oraz ułatwienie skutecznego reprezentowania ich interesów.

Następnie porozmawiajmy o zakresie poufności i przywilejów. Poufność i tajemnica mają szerokie zastosowanie do wszelkiej komunikacji i informacji przekazywanych pomiędzy prawnikami a ich klientami w trakcie reprezentacji. Obejmuje to dyskusje na temat strategii prawnej, strategii sprawy, negocjacji ugodowych i innych delikatnych kwestii. Obowiązek zachowania poufności i tajemnica adwokacka rozciąga się również na komunikację ze stronami trzecimi, takimi jak eksperci, konsultanci i inni prawnicy pracujący nad sprawą, o ile komunikacja ta ma na celu uzyskanie porady prawnej lub reprezentacji.

Porozmawiajmy teraz o wyjątkach od poufności i przywilejów. Chociaż poufność i przywileje stanowią solidne zabezpieczenia, istnieją pewne wyjątki, które mogą pozwolić na ujawnienie informacji w przeciwnym razie poufnych lub uprzywilejowanych. Na przykład prawnicy mogą uzyskać zezwolenie lub obowiązek ujawnienia informacji poufnych w pewnych okolicznościach, na przykład aby zapobiec bezpośredniej krzywdzie lub aby zastosować się do nakazu sądowego lub zobowiązania prawnego. Adwokaci muszą także mieć na uwadze potencjalne ryzyko niezamierzonego ujawnienia informacji, takie jak zrzeczenie się tajemnicy adwokackiej poprzez ujawnienie informacji poufnych osobom trzecim.

Porozmawiajmy o etycznych obowiązkach związanych z poufnością i przywilejami. Adwokaci są zobowiązani przestrzegać rygorystycznych zasad etycznych, aby zachować poufność informacji o kliencie i chronić tajemnicę adwokacką. Obowiązek ten dotyczy wszystkich członków Kancelarii, a także personelu pomocniczego i pracowników, którzy mogą mieć dostęp do informacji poufnych. Prawnicy muszą podjąć uzasadnione kroki w celu ochrony tajemnic klientów i dopilnowania, aby poufna komunikacja nie została niewłaściwie ujawniona lub zrzeczona.

Następnie porozmawiajmy o znaczeniu poufności i przywilejów w systemie prawnym. Poufność i przywileje są niezbędne do budowania zaufania w relacji prawnik-klient oraz promowania otwartej i uczciwej komunikacji między prawnikami a ich klientami. Bez zapewnienia poufności i poufności klienci mogą niechętnie udostępniać poufne informacje swoim prawnikom, co utrudnia prawnikowi skuteczną reprezentację. Poufność i przywilej służą także szerszym interesom społecznym, zachęcając do swobodnego przepływu informacji i ułatwiając uczciwe i sprawiedliwe rozstrzyganie sporów w systemie prawnym.

Podsumowując, poufność i tajemnica to podstawowe zasady zawodu prawnika, chroniące zaufanie, prywatność i integralność relacji prawnik-klient. Przestrzegając tych zasad, prawnicy mogą sprzyjać otwartej i uczciwej komunikacji ze swoimi klientami, promować skuteczną reprezentację oraz przyczyniać się do uczciwego i sprawiedliwego wymierzania sprawiedliwości. Przestrzeganie poufności i przywilejów to nie tylko obowiązek etyczny — to kamień węgielny zawodu prawnika i podstawowy aspekt zapewnienia integralności i wiarygodności systemu prawnego.

Konflikty interesów: poruszanie się po granicach etycznych w reprezentacji prawnej

Witamy w złożonym obszarze konfliktów interesów w zawodzie prawniczym, w którym mnożą się dylematy etyczne, a obowiązek priorytetowego traktowania interesów klienta jest sprawą najwyższej wagi. Konflikt interesów powstaje, gdy osobiste, finansowe lub zawodowe interesy prawnika są sprzeczne z jego obowiązkiem działania w najlepszym interesie klienta. Poruszanie się po tych granicach etycznych wymaga czujności, uczciwości i zaangażowania w przestrzeganie najwyższych standardów profesjonalizmu. Przyjrzyjmy się więc zawiłościom konfliktów interesów, ich konsekwencjom dla reprezentacji prawnej i związanym z nimi obowiązkom etycznym.

Przede wszystkim porozmawiajmy o tym, co stanowi konflikt interesów. Konflikt interesów ma miejsce, gdy lojalność prawnika wobec jednego klienta jest zagrożona przez konkurencyjne obowiązki lub interesy, lub gdy interesy prawnika są sprzeczne z interesami klienta. Konflikty interesów mogą powstawać w różnych kontekstach, w tym w sytuacjach, gdy prawnik ma powiązania osobiste lub finansowe ze stroną niekorzystną dla klienta, gdy reprezentowanie jednego klienta przez pełnomocnika jest bezpośrednio sprzeczne z interesami innego klienta lub gdy własne interesy prawnika Wynik reprezentacji może mieć istotny wpływ na interesy.

Porozmawiajmy teraz o obowiązkach etycznych związanych z konfliktem interesów. Adwokaci są zobowiązani przestrzegać rygorystycznych zasad etycznych, aby szybko i skutecznie identyfikować konflikty interesów i reagować na nie. Obowiązek unikania konfliktów interesów jest zapisany w kodeksach postępowania zawodowego i zasadach etyki prawnej, które wymagają od prawników niezależnego osądu zawodowego i priorytetowego traktowania interesów swoich klientów ponad wszystkimi innymi względami. Prawnicy muszą także ujawnić wszelkie potencjalne konflikty interesów zainteresowanym klientom i uzyskać świadomą zgodę przed przystąpieniem do reprezentacji, jeśli konfliktu nie można odpowiednio rozwiązać.

Następnie porozmawiajmy o konsekwencjach konfliktów interesów dla reprezentacji prawnej. Konflikty interesów mogą mieć poważne konsekwencje dla relacji prawnik-klient, integralności systemu prawnego i interesów zaangażowanych stron. Brak identyfikacji i rozwiązania konfliktów interesów może skutkować szkodami dla klientów, uszczerbkiem dla wymiaru sprawiedliwości oraz naruszeniami prawnymi i etycznymi, które mogą prowadzić do działań dyscyplinarnych, roszczeń z tytułu nadużyć w sztuce lub innych sankcji zawodowych. Adwokaci muszą wykazywać się sumiennością i proaktywnością w identyfikowaniu konfliktów interesów i rozwiązywaniu ich, aby chronić interesy swoich klientów i stać na straży uczciwości zawodu prawnika.

Porozmawiajmy teraz o tym, jak prawnicy mogą identyfikować konflikty interesów i rozwiązywać je. Obowiązek unikania konfliktów interesów wymaga od prawników zachowania należytej staranności i czujności przy ocenie potencjalnych konfliktów i podejmowaniu odpowiednich działań w celu ich rozwiązania. Może to obejmować przeprowadzanie kontroli konfliktów przed przyjęciem nowych klientów lub spraw, utrzymywanie solidnych zasad i procedur dotyczących konfliktu interesów w kancelariach prawnych oraz konsultowanie się ze współpracownikami, doradcami ds. etyki lub ekspertami prawnymi w przypadku pojawienia się konfliktów. Adwokaci muszą także zachować przejrzystość i kontaktować się z klientami w sprawie wszelkich konfliktów interesów, które mogą pojawić się w trakcie reprezentacji, a także uzyskać świadomą zgodę przed przystąpieniem do reprezentacji, jeśli konfliktu nie można odpowiednio rozwiązać.

Porozmawiajmy o znaczeniu polityk i procedur dotyczących konfliktu interesów w kancelariach prawnych. Kancelarie prawne mają obowiązek ustanowić i utrzymywać skuteczne zasady i procedury dotyczące konfliktu interesów, aby zapobiegać konfliktom oraz zapewniać ich identyfikację i szybkie i skuteczne rozwiązywanie, gdy już wystąpią. Może to obejmować wdrożenie systemów sprawdzania konfliktów, ustanowienie protokołów rozwiązywania konfliktów oraz zapewnienie ciągłych szkoleń i edukacji prawnikom i pracownikom w zakresie obowiązków etycznych związanych z konfliktami interesów. Nadając priorytet zarządzaniu konfliktem interesów, kancelarie prawne mogą zminimalizować ryzyko naruszeń zasad etycznych, chronić interesy swoich klientów i stać na straży uczciwości zawodu prawnika.

Podsumowując, konflikty interesów są wszechobecnym i złożonym wyzwaniem etycznym w zawodzie prawnika, wymagającym od prawników uczciwego i profesjonalnego podejścia do sprzecznych obowiązków i interesów. Dzięki szybkiemu i skutecznemu identyfikowaniu i rozwiązywaniu konfliktów interesów prawnicy mogą chronić interesy swoich klientów, utrzymywać integralność systemu prawnego oraz utrzymywać zaufanie społeczne do zawodu prawnika. Czujność, przejrzystość i zaangażowanie w etyczne postępowanie są niezbędne do poruszania się po etycznym polu minowym, jakim jest konflikt interesów oraz do zapewnienia najwyższych standardów reprezentacji prawnej i profesjonalizmu.

Uczciwość zawodowa: przestrzeganie standardów etycznych na arenie prawnej

Witamy w świecie uczciwości zawodowej w zawodzie prawniczym, gdzie przestrzeganie standardów etycznych jest kamieniem węgielnym zaufania, wiarygodności i skuteczności prawnika. Uczciwość zawodowa obejmuje zobowiązanie do uczciwości, uczciwości i etycznego postępowania we wszystkich aspektach praktyki prawnej, kierując interakcjami prawników z klientami, współpracownikami, sądem i społeczeństwem. Przyjrzyjmy się zasadom uczciwości zawodowej, ich znaczeniu na arenie prawnej oraz obowiązkom etycznym, jakie się z nimi wiążą.

Przede wszystkim porozmawiajmy o tym, co oznacza uczciwość zawodowa w kontekście zawodu prawnika. Uczciwość zawodowa wykracza poza samo przestrzeganie litery prawa – obejmuje zobowiązanie do przestrzegania najwyższych standardów etycznego postępowania, nawet gdy nikt nie patrzy. Oznacza to działanie uczciwe, uczciwe i przejrzyste we wszystkich kontaktach oraz przestrzeganie zasad uczciwości, wiarygodności i odpowiedzialności w każdym aspekcie praktyki prawnej. Uczciwość zawodowa to nie tylko zbiór zasad — to sposób życia prawników, kierujący ich działaniami i decyzjami w dążeniu do sprawiedliwości, uczciwości i dobra publicznego.

Porozmawiajmy teraz o znaczeniu uczciwości zawodowej na arenie prawnej. Uczciwość zawodowa jest niezbędna do utrzymania zaufania publicznego do systemu prawnego i zawodu prawnika. Adwokatom powierzono obowiązek utrzymywania praworządności, wymierzania sprawiedliwości oraz ochrony praw i interesów swoich klientów. Podstawą tego zaufania jest uczciwość zawodowa — zapewnia ona, że prawnicy działają rzetelnie, uczciwie i uczciwie w kontaktach z klientami, współpracownikami, sądem i społeczeństwem, podtrzymując w ten sposób uczciwość i wiarygodność zawodu prawnika jako całości.

Następnie porozmawiajmy o zobowiązaniach etycznych związanych z uczciwością zawodową. Adwokatów obowiązują rygorystyczne zasady etyczne i kodeksy postępowania, które regulują ich zachowanie i kierują ich interakcjami z klientami, współpracownikami, sądem i społeczeństwem. Zasady te nakładają na prawników obowiązek działania we wszystkich kontaktach ze szczerością, szczerością i uczciwością, utrzymywania poufności informacji o klientach, unikania konfliktów interesów oraz priorytetowego traktowania interesów swoich klientów ponad wszystkimi innymi względami. Przestrzeganie uczciwości zawodowej wymaga również od prawników zgłaszania naruszeń etyki lub niewłaściwego postępowania innych przedstawicieli zawodów prawniczych, promując w ten sposób odpowiedzialność i utrzymując integralność systemu prawnego.

Porozmawiajmy teraz o tym, jak prawnicy mogą wykazać się uczciwością zawodową w swojej codziennej praktyce. Uczciwość zawodowa przejawia się poprzez konsekwentne przestrzeganie standardów i zasad etycznych we wszystkich aspektach praktyki prawniczej. Oznacza to bycie uczciwym i przejrzystym wobec klientów w zakresie mocnych i słabych stron ich sprawy, zapewnienie kompetentnej i sumiennej reprezentacji oraz gorliwe wspieranie interesów klientów w granicach prawa. Oznacza to traktowanie współpracowników, stron przeciwnych i sądu z szacunkiem i uprzejmością oraz przestrzeganie najwyższych standardów profesjonalizmu i uprzejmości we wszystkich kontaktach. Uczciwość zawodowa obejmuje także rozpoznawanie dylematów etycznych i konfliktów interesów oraz szybkie i skuteczne rozwiązywanie ich, a także zwracanie się o wskazówki lub pomoc, gdy jest to konieczne, aby zapewnić przestrzeganie obowiązków etycznych.

Porozmawiajmy o roli uczciwości zawodowej w promowaniu dostępu do wymiaru sprawiedliwości i interesu publicznego. Przestrzeganie uczciwości zawodowej nie polega tylko na ochronie interesów klientów indywidualnych — to także realizacja szerszych celów, takich jak sprawiedliwość, rzetelność i praworządność w społeczeństwie. Adwokaci mają obowiązek promować dostęp do wymiaru sprawiedliwości oraz wykorzystywać swoje umiejętności i wiedzę specjalistyczną, aby bronić osób marginalizowanych lub znajdujących się w niekorzystnej sytuacji. Uczciwość zawodowa wymaga od prawników działania w interesie publicznym, przestrzegania zasad uczciwości, równości i należytych procesów oraz działania na rzecz systemu prawnego, który będzie dostępny, przejrzysty i odpowiedzialny wobec wszystkich członków społeczeństwa.

Podsumowując, uczciwość zawodowa jest podstawą zaufania, wiarygodności i skuteczności w zawodzie prawniczym. Przestrzegając najwyższych standardów etycznego postępowania, prawnicy mogą utrzymać zaufanie publiczne do systemu prawnego, promować dostęp do wymiaru sprawiedliwości oraz krzewić zasady uczciwości, równości i praworządności w społeczeństwie. Uczciwość zawodowa to nie tylko obowiązek — to przywilej i odpowiedzialność, które prawnicy niosą ze sobą przez całą swoją karierę zawodową, kierując ich działaniami i decyzjami w dążeniu do sprawiedliwości, uczciwości i dobra publicznego.

Równowaga między życiem zawodowym a prywatnym: pielęgnowanie dobrego samopoczucia w zawodzie prawniczym

Witamy w badaniu równowagi między życiem zawodowym a prywatnym w sferze prawnej, gdzie dążenie do doskonałości zawodowej współistnieje z potrzebą osobistego dobrego samopoczucia i spełnienia. Równowaga między życiem zawodowym a prywatnym jest istotnym elementem ogólnej satysfakcji, produktywności i długoterminowego sukcesu prawnika. W tej dyskusji zagłębimy się w znaczenie równowagi między życiem zawodowym a prywatnym, strategie jej osiągnięcia i jej wpływ na zawód prawniczy.

Przede wszystkim uznajmy znaczenie równowagi między życiem zawodowym a prywatnym. Zawód prawnika słynie z wymagającego obciążenia pracą, spraw o wysoką stawkę i długich godzin pracy. Jednak utrzymanie zdrowej równowagi między pracą a życiem osobistym ma kluczowe znaczenie dla zapobiegania wypaleniu, zmniejszania stresu i zachowania ogólnego dobrostanu. Osiągnięcie równowagi między życiem zawodowym a prywatnym pozwala prawnikom naładować baterie, realizować osobiste zainteresowania i pielęgnować relacje poza pracą, co prowadzi do większej satysfakcji i spełnienia zarówno osobistego, jak i zawodowego.

Przyjrzyjmy się teraz strategiom osiągnięcia równowagi między życiem zawodowym a prywatnym. Wyznaczanie granic jest kluczowe – jasne rozgraniczenie czasu pracy od czasu osobistego może pomóc w zapobieganiu wkraczaniu pracy na inne obszary życia. Może to obejmować ustalenie konkretnych godzin pracy, wyznaczenie czasu na relaks i zajęcia w czasie wolnym oraz nauczenie się odmawiania nadmiernym wymaganiom w pracy, gdy jest to konieczne. Niezbędne jest również nadanie priorytetu dbaniu o siebie — znalezienie czasu na ćwiczenia, hobby i kontakty społeczne może uzupełnić poziom energii i poprawić ogólne samopoczucie. Ponadto efektywne zarządzanie czasem, delegowanie zadań i szukanie wsparcia u współpracowników lub mentorów może pomóc prawnikom efektywniej zarządzać obciążeniem pracą i redukować stres.

Następnie omówmy korzyści, jakie płyną z równowagi między życiem zawodowym a prywatnym dla prawników i przedstawicieli zawodów prawniczych. Równowaga między życiem zawodowym a prywatnym prowadzi do szczęśliwszych, zdrowszych i bardziej zaangażowanych prawników, co z kolei może pozytywnie wpłynąć na satysfakcję z pracy, produktywność i retencję w kancelariach prawnych i organizacjach. Prawnicy, dla których priorytetem jest równowaga między życiem zawodowym a prywatnym, są często bardziej skoncentrowani, zmotywowani i odporni, co prowadzi do lepszych wyników dla klientów i wyższego poziomu ich zadowolenia. Ponadto promowanie równowagi między życiem zawodowym a prywatnym może pomóc kancelariom prawnym w przyciąganiu i zatrzymywaniu najlepszych talentów, kultywowaniu pozytywnej kultury pracy i wzmacnianiu ich reputacji jako preferowanego pracodawcy w branży prawniczej.

Omówmy teraz kilka typowych wyzwań związanych z osiągnięciem równowagi między życiem zawodowym a prywatnym w zawodzie prawniczym. Wymagający charakter pracy prawniczej w połączeniu z wymogami dotyczącymi rozliczanych godzin, wymaganiami klientów i napiętymi terminami może sprawić, że prawnicy będą mieli trudności z priorytetowym traktowaniem własnego dobra. Ponadto kultura przepracowania i przekonanie, że długie godziny pracy oznaczają poświęcenie i sukces, mogą powodować presję, aby nadawać priorytet pracy kosztem życia osobistego. Co więcej, rozpowszechnienie technologii i praca zdalna mogą zacierać granice między pracą a życiem osobistym, utrudniając odłączenie się i odpoczynek poza godzinami pracy.

Podkreślmy znaczenie samoświadomości i dbałości o siebie w osiąganiu równowagi między życiem zawodowym a prywatnym.

Rozpoznanie oznak wypalenia, stresu i zmęczenia jest niezbędne do podjęcia proaktywnych kroków w celu priorytetowego traktowania dobrego samopoczucia. Prawnicy powinni priorytetowo traktować czynności związane z samoopieką, które odżywiają ich zdrowie fizyczne, psychiczne i emocjonalne, niezależnie od tego, czy są to ćwiczenia fizyczne, praktykowanie uważności, spędzanie czasu z bliskimi czy realizowanie hobby i zainteresowań poza pracą. Ponadto szukanie wsparcia u współpracowników, mentorów lub specjalistów zajmujących się zdrowiem psychicznym może zapewnić cenne wskazówki i zasoby pomocne w radzeniu sobie ze stresem i osiąganiu większej równowagi w życiu.

Podsumowując, równowaga między życiem zawodowym a prywatnym to nie tylko luksus — to konieczność, aby prawnicy mogli rozwijać się osobiście i zawodowo. Stawiając na pierwszym miejscu dobre samopoczucie, wyznaczając granice i kultywując praktyki samoopieki, prawnicy mogą osiągnąć większą satysfakcję, odporność i sukces w swojej karierze. Równowaga między życiem zawodowym a prywatnym nie polega na rezygnacji z ambicji zawodowych – chodzi o pielęgnowanie holistycznego dobrostanu i odnajdywanie harmonii między pracą, życiem osobistym i spełnieniem. W miarę ciągłego rozwoju zawodów prawniczych promowanie równowagi między życiem zawodowym a prywatnym będzie miało zasadnicze znaczenie dla wspierania kultury zdrowia, szczęścia i doskonałości w zawodzie prawniczym.

Świadomość zdrowia psychicznego: pielęgnowanie dobrego samopoczucia w społeczności prawniczej

Witamy w dialogu na temat świadomości zdrowia psychicznego w społeczności prawniczej, w ramach którego otwarte rozmowy, wsparcie i zasoby są niezbędne do promowania dobrego samopoczucia i odporności wśród prawników i prawników. Zdrowie psychiczne jest istotnym aspektem ogólnego dobrego samopoczucia, jednak piętno, stres i wymagający charakter legalnej pracy mogą stanowić poważne wyzwania dla dobrostanu psychicznego. Podczas tej dyskusji zbadamy znaczenie świadomości zdrowia psychicznego, strategii wspierania dobrego samopoczucia psychicznego oraz zasobów dostępnych dla prawników stojących przed wyzwaniami związanymi ze zdrowiem psychicznym.

Przede wszystkim uznajmy znaczenie świadomości zdrowia psychicznego. Prawnicy i prawnicy nie są odporni na problemy ze zdrowiem psychicznym – w rzeczywistości wiadomo, że w zawodzie prawniczym występuje wyższy wskaźnik stresu, lęku, depresji i nadużywania substancji psychoaktywnych w porównaniu z innymi zawodami. Rozpoznawanie oznak problemów ze zdrowiem psychicznym, zmniejszanie piętna i wspieranie kultury otwartości i wsparcia są niezbędne do promowania dobrego samopoczucia psychicznego i odporności psychicznej w społeczności prawniczej.

Omówmy teraz strategie wspierania dobrego samopoczucia psychicznego w zawodzie prawniczym. Kluczowe znaczenie ma budowanie wspierającej kultury pracy, w której dobrostan jest priorytetem – może to obejmować oferowanie zasobów i szkoleń w zakresie zdrowia psychicznego, promowanie równowagi między życiem zawodowym a prywatnym oraz zapewnianie dostępu do usług doradczych i wsparcia. Tworzenie możliwości dla prawników do nawiązywania kontaktów i dzielenia się swoimi doświadczeniami, czy to za pośrednictwem grup wsparcia rówieśniczego, programów mentorskich czy inicjatyw na rzecz dobrego samopoczucia, może również pomóc w zmniejszeniu izolacji i wzmocnieniu poczucia wspólnoty i przynależności.

Następnie zajmijmy się wyjątkowymi czynnikami stresogennymi i wyzwaniami stojącymi przed prawnikami, które mogą mieć wpływ na zdrowie psychiczne. Wymagający charakter pracy prawniczej, sprawy o wysoką stawkę, presja godzinowa i kontradyktoryjny charakter systemu prawnego mogą przyczyniać się do stresu, niepokoju i wypalenia zawodowego wśród prawników. Ponadto kultura perfekcjonizmu, długie godziny pracy i oczekiwanie, że zawsze będziesz dostępny, mogą jeszcze bardziej zaostrzyć problemy ze zdrowiem psychicznym. Dostrzeżenie tych wyzwań i podjęcie proaktywnych kroków w celu ich rozwiązania ma kluczowe znaczenie dla promowania dobrego samopoczucia psychicznego i odporności w zawodzie prawniczym.

Porozmawiajmy teraz o znaczeniu dbania o siebie i odporności w utrzymaniu dobrego samopoczucia psychicznego. Praktykowanie czynności związanych z samoopieką, takich jak ćwiczenia, uważność i hobby, może pomóc prawnikom radzić sobie ze stresem, budować odporność i poprawiać ogólne samopoczucie. Wyznaczanie granic, nadawanie priorytetu równowadze między życiem zawodowym a prywatnym oraz szukanie wsparcia u współpracowników, mentorów lub specjalistów zajmujących się zdrowiem psychicznym może również przyczynić się do większej odporności i dobrego samopoczucia psychicznego. Dla prawników ważne jest, aby priorytetowo traktowali własne dobro i zdawali sobie sprawę, że szukanie pomocy jest oznaką siły, a nie słabości.

Podkreślmy znaczenie ograniczania piętna i promowania otwartych rozmów na temat zdrowia psychicznego w środowisku prawniczym. Przełamywanie barier w szukaniu pomocy i tworzenie kultury, w której prawnicy czują się komfortowo, rozmawiając o kwestiach zdrowia psychicznego, jest niezbędne do wspierania wsparcia i odporności.

Zapewnianie edukacji i szkoleń w zakresie świadomości zdrowia psychicznego, destygmatyzacja chorób psychicznych oraz promowanie inicjatyw w zakresie samoopieki i dobrego samopoczucia mogą przyczynić się do stworzenia bardziej wspierającego i włączającego środowiska dla prawników stojących przed wyzwaniami w zakresie zdrowia psychicznego.

Podsumowując, świadomość zdrowia psychicznego jest niezbędna do promowania dobrostanu i odporności w zawodzie prawniczym. Rozpoznając oznaki problemów ze zdrowiem psychicznym, zmniejszając piętno i wspierając kulturę otwartości i wsparcia, możemy stworzyć społeczność prawniczą, w której prawnicy czują się upoważnieni do priorytetowego traktowania swojego zdrowia psychicznego i szukania pomocy w razie potrzeby. Razem możemy przełamać bariery w opiece w zakresie zdrowia psychicznego, promować odporność i stworzyć zdrowsze i bardziej wspierające środowisko dla wszystkich przedstawicieli zawodów prawniczych.

Zdrowie fizyczne: pielęgnowanie dobrego samopoczucia w podróży prawnej

Witamy w dyskusji na temat zdrowia fizycznego, kamienia węgielnego dobrego samopoczucia, który jest niezbędny dla prawników i prawników radzących sobie z wymaganiami swojego zawodu. Chociaż dziedzina prawa jest często kojarzona z bystrością umysłu i sprawnością intelektualną, utrzymanie zdrowia fizycznego jest równie istotne dla utrzymania energii, skupienia i odporności w obliczu wyzwań. W tym dialogu zbadamy znaczenie zdrowia fizycznego, strategie nadawania priorytetu dobremu zdrowiu oraz korzyści płynące z włączenia zdrowych nawyków do ścieżki prawnej.

Przede wszystkim uznajmy znaczenie zdrowia fizycznego. Prawnicy i prawnicy prowadzą intensywne życie, wypełnione długimi godzinami pracy, wymagającymi terminami i stresującymi sytuacjami. W tym dynamicznym środowisku łatwo jest zaniedbać dobre samopoczucie fizyczne na rzecz obowiązków zawodowych. Jednak priorytetowe traktowanie zdrowia fizycznego ma kluczowe znaczenie dla utrzymania poziomu energii, jasności umysłu i ogólnej witalności, które są niezbędne do osiągnięcia sukcesu i spełnienia w zawodzie prawniczym.

Omówmy teraz strategie priorytetowego traktowania dobrego samopoczucia fizycznego w procesie prawnym. Regularne ćwiczenia, pożywne odżywianie, odpowiedni sen i radzenie sobie ze stresem to podstawowe filary zdrowia fizycznego, które prawnicy mogą włączyć do swojej codziennej rutyny. Znalezienie czasu na aktywność fizyczną, niezależnie od tego, czy jest to spacer, praktyka jogi czy wizyta na siłowni, może pomóc prawnikom radzić sobie ze stresem, poprawiać nastrój i poprawiać ogólny stan zdrowia. Podobnie dokonywanie zdrowych wyborów żywieniowych, utrzymywanie odpowiedniego nawodnienia i priorytetowe traktowanie snu są niezbędne do utrzymania poziomu energii i optymalizacji funkcji poznawczych.

Następnie omówmy wyjątkowe wyzwania stojące przed prawnikami, jeśli chodzi o utrzymanie zdrowia fizycznego. Wymagający charakter legalnej pracy, długie godziny pracy i siedzący tryb życia mogą odbijać się na samopoczuciu fizycznym, prowadząc do takich problemów, jak zła postawa, ból pleców i chroniczny stres. Ponadto kultura przepracowania i presja, aby priorytetowo traktować pracę ponad wszystko inne, może sprawić, że prawnikom będzie trudno nadawać priorytet dbałości o siebie i poświęcaniu czasu na zdrowe nawyki. Dostrzeżenie tych wyzwań i podjęcie proaktywnych kroków w celu ich rozwiązania ma kluczowe znaczenie dla promowania dobrego samopoczucia fizycznego w zawodzie prawniczym.

Omówmy teraz korzyści płynące z włączenia zdrowych nawyków do ścieżki prawnej. Priorytetowe traktowanie zdrowia fizycznego nie tylko poprawia ogólne samopoczucie, ale także zwiększa produktywność, koncentrację i odporność w obliczu wyzwań. Wykazano, że regularne ćwiczenia zmniejszają stres, poprawiają nastrój i poprawiają funkcje poznawcze – a wszystko to jest niezbędne do osiągnięcia sukcesu w zawodzie prawniczym. Podobnie pożywne odżywianie, odpowiedni sen i techniki radzenia sobie ze stresem mogą pomóc prawnikom zachować poziom energii, jasność umysłu i ogólną witalność, umożliwiając im osiąganie najlepszych wyników zarówno osobiście, jak i zawodowo.

Podkreślmy znaczenie dbałości o siebie i równowagi w utrzymaniu zdrowia fizycznego. Prawnicy często przedkładają potrzeby swoich klientów i wymagania związane z pracą ponad własne dobro, ale zaniedbywanie dbania o siebie może ostatecznie obniżyć wydajność i doprowadzić do wypalenia zawodowego. Znalezienie równowagi, ustalenie granic i poświęcenie czasu na czynności związane z samoopieką są niezbędne do utrzymania zdrowia fizycznego i ogólnego dobrego samopoczucia. Dla prawników ważne jest, aby priorytetowo traktowali własne dobro i zdawali sobie sprawę, że dbanie o siebie nie jest samolubne – jest niezbędne dla długoterminowego sukcesu i spełnienia w zawodzie prawniczym.

Podsumowując, zdrowie fizyczne jest istotnym elementem dobrego samopoczucia, niezbędnym do osiągnięcia sukcesu i spełnienia w zawodzie prawniczym. Stawiając na pierwszym miejscu zdrowe nawyki, znajdując równowagę i traktując priorytetowo dbanie o siebie, prawnicy mogą utrzymać poziom energii, zwiększyć odporność i osiągać najlepsze wyniki zarówno osobiście, jak i zawodowo. Włączenie dobrego samopoczucia fizycznego w podróż prawną nie tylko poprawia dobrostan jednostki, ale także przyczynia się do zdrowszej i bardziej tętniącej życiem społeczności prawnej jako całości.

Recenzje wyników: Pielęgnowanie wzrostu i doskonałości w praktyce prawniczej

Przeglądy wyników są istotnym elementem rozwoju zawodowego w zawodzie prawnika, dostarczając cennych informacji zwrotnych, wskazówek i możliwości rozwoju i doskonalenia. Te ustrukturyzowane oceny pozwalają prawnikom zastanowić się nad swoimi osiągnięciami, zidentyfikować obszary wymagające rozwoju i wyznaczyć cele na przyszłość. W tej obszernej dyskusji zbadamy znaczenie ocen wyników, najlepsze praktyki przeprowadzania ocen oraz korzyści, jakie oferują one zarówno prawnikom, jak i kancelariom prawnym.

Przede wszystkim omówmy znaczenie ocen okresowych w zawodzie prawniczym. Przeglądy wyników służą jako formalny mechanizm oceny wyników pracy prawników, dostarczający informacji zwrotnych na temat ich mocnych stron, obszarów wymagających poprawy i ogólnego wkładu w firmę lub organizację. Przeglądy te oferują ustrukturyzowane ramy oceny wyników według ustalonych kryteriów, promujące odpowiedzialność oraz wspierające ciągłe uczenie się i rozwój. Zapewniając platformę otwartego dialogu i konstruktywnych informacji zwrotnych, oceny wyników umożliwiają prawnikom rozwój, doskonalenie się i osiąganie pełnego potencjału w karierze prawniczej.

Przyjrzyjmy się teraz kluczowym elementom skutecznych przeglądów wyników. Dokładna ocena wyników zazwyczaj obejmuje ocenę różnych aspektów pracy prawnika, takich jak wiedza prawnicza i doświadczenie, obsługa klienta i umiejętności komunikacyjne, praca zespołowa i współpraca oraz przestrzeganie wartości i zasad firmy. Przeglądy mogą również uwzględniać takie czynniki, jak rozliczane godziny, zarządzanie liczbą spraw, wysiłki na rzecz rozwoju biznesu oraz wkład w kulturę firmy i zaangażowanie społeczności. Oceniając wyniki w tych wymiarach, firmy mogą zapewnić kompleksową informację zwrotną dotyczącą zarówno kompetencji technicznych, jak i umiejętności interpersonalnych niezbędnych do osiągnięcia sukcesu w zawodzie prawniczym.

Następnie omówmy najlepsze praktyki przeprowadzania przeglądów wydajności. Przygotowanie jest kluczowe – menedżerowie powinni zebrać odpowiednie informacje i dokumentację, taką jak wyniki sprawy, opinie klientów i zapisy rozliczeniowe, aby zapewnić informacje w procesie przeglądu. Przeglądy należy przeprowadzać terminowo, zapewniając wystarczającą ilość czasu na refleksję, dyskusję i ustalenie celów. Informacje zwrotne powinny być konkretne, konstruktywne i praktyczne oraz koncentrować się na zachowaniach i wynikach, a nie na cechach osobistych. Ważne jest również stworzenie wspierającego i niezagrażającego środowiska, które zachęca do otwartej komunikacji i współpracy pomiędzy recenzentami i recenzentami. Wreszcie, przeglądy wyników nie powinny być jednorazowym wydarzeniem, ale raczej procesem ciągłym, który odbywa się regularnie przez cały rok, umożliwiając ciągłą informację zwrotną i dostosowanie w razie potrzeby.

Przyjrzyjmy się teraz korzyściom, jakie płyną z ocen wyników dla prawników i kancelarii prawnych. Dla prawników oceny wyników oferują cenny wgląd w ich mocne strony i obszary rozwoju, pomagając im zidentyfikować możliwości rozwoju umiejętności i awansu zawodowego. Recenzje mogą również służyć jako platforma do doceniania osiągnięć i świętowania sukcesów, podnosząc morale i motywację. W przypadku kancelarii prawnych przeglądy wyników umożliwiają firmom ocenę ogólnego stanu zdrowia i efektywności ich zespołów prawnych, identyfikację luk w talentach i potrzeb w zakresie planowania sukcesji oraz dostosowanie indywidualnych wyników do celów i priorytetów organizacji. Inwestując w przeglądy wyników, firmy mogą kultywować kulturę doskonałości, odpowiedzialności i ciągłego doskonalenia, które zapewniają sukces i przewagę konkurencyjną na legalnym rynku.

Omówmy typowe wyzwania i kwestie związane z przeprowadzaniem przeglądów wyników. Jednym z wyzwań jest zapewnienie spójności i uczciwości recenzji, szczególnie w firmach, które zatrudniają wielu recenzentów lub mają różne procesy recenzowania. Zapewnienie recenzentom szkoleń i wskazówek może pomóc w standaryzacji procesu recenzji i zminimalizowaniu stronniczości i subiektywizmu. Kolejną kwestią jest zarządzanie oczekiwaniami i zajęcie się potencjalnymi obszarami sporów lub konfliktów między recenzentami a recenzentami. Otwarta komunikacja, aktywne słuchanie i chęć poszukiwania wspólnej płaszczyzny porozumienia mogą pomóc w pokonaniu tych wyzwań i sprzyjać konstruktywnemu procesowi przeglądu.

Podsumowując, oceny wyników odgrywają kluczową rolę w pielęgnowaniu rozwoju i doskonałości w zawodzie prawniczym. Zapewniając ustrukturyzowane informacje zwrotne, wskazówki i możliwości rozwoju, oceny wyników umożliwiają prawnikom maksymalizację ich potencjału i przyczynianie się do sukcesu ich firm lub organizacji. Stosując najlepsze praktyki, stawiając czoła wyzwaniom i traktując priorytetowo bieżące informacje zwrotne i rozwój, firmy mogą wykorzystać oceny wyników jako potężne narzędzie do wspierania kultury doskonałości, odpowiedzialności i ciągłego doskonalenia w zawodzie prawniczym.

Awans i rozwój kariery: droga do sukcesu w zawodzie prawniczym

Awans i rozwój kariery to istotne kamienie milowe w zawodzie prawnika, stanowiące wyraz uznania dla osiągnięć, wkładu i potencjału awansu prawnika. Droga do sukcesu w zawodzie prawniczym wymaga połączenia ciężkiej pracy, planowania strategicznego oraz ciągłego uczenia się i rozwoju. W tej obszernej dyskusji zbadamy czynniki, które przyczyniają się do awansu i rozwoju kariery, strategie awansu w zawodzie prawniczym oraz możliwości, jakie mają prawnicy w osiąganiu swoich celów zawodowych.

Przede wszystkim omówmy czynniki sprzyjające awansowi i rozwojowi kariery w zawodzie prawniczym. Chociaż szczegółowe kryteria awansu mogą się różnić w zależności od firmy, obszaru praktyki i indywidualnych celów zawodowych, istnieje kilka wspólnych czynników, które często są brane pod uwagę przy podejmowaniu decyzji o awansie. Mogą one obejmować wiedzę i kompetencje prawne, wykazane przywództwo i inicjatywę, rozwój klientów i tworzenie przedsiębiorstw, pracę zespołową i współpracę oraz przestrzeganie wartości i zasad firmy. Prawnicy, którzy wyróżniają się w tych obszarach i wykazują zaangażowanie w ciągłe kształcenie i rozwój zawodowy, często mają dobrą pozycję do awansu i rozwoju kariery.

Przyjrzyjmy się teraz strategiom awansu w zawodzie prawniczym i przygotowania się do awansu. Niezbędne jest zbudowanie solidnych podstaw w postaci wiedzy i doświadczenia prawnego – prawnicy powinni skupić się na doskonaleniu swoich umiejętności, doskonaleniu swojej dziedziny praktyki i byciu na bieżąco z rozwojem prawa. Podejmowanie ambitnych zadań, poszukiwanie możliwości rozwoju zawodowego i okazywanie chęci do pełnienia ról przywódczych może również zwiększyć widoczność i wiarygodność w firmie lub organizacji. Ponadto inwestowanie w tworzenie sieci kontaktów i budowanie relacji, zarówno wewnątrz firmy, jak i z klientami oraz kontaktami branżowymi, może pomóc prawnikom poszerzyć ich strefę wpływów i stworzyć możliwości rozwoju kariery.

Następnie przyjrzyjmy się roli mentoringu i sponsoringu w rozwoju kariery. Posiadanie mentorów i sponsorów, którzy zapewniają wskazówki, wsparcie i rzecznictwo, może odegrać kluczową rolę w wyznaczaniu ścieżki awansu i rozwoju kariery. Mentorzy mogą oferować cenne spostrzeżenia, rady i opinie oparte na własnych doświadczeniach i wiedzy specjalistycznej, pomagając prawnikom stawiać czoła wyzwaniom, identyfikować możliwości i podejmować świadome decyzje zawodowe. Z drugiej strony sponsorzy to wpływowe osoby w firmie lub organizacji, które aktywnie wspierają i promują rozwój kariery swoich podopiecznych, doradzając im w decyzjach awansowych i zapewniając dostęp do kluczowych możliwości i sieci kontaktów. Kultywowanie znaczących relacji z mentorami i sponsorami może być potężnym katalizatorem rozwoju kariery i sukcesu zawodowego w zawodzie prawniczym.

Porozmawiajmy teraz o znaczeniu ciągłego uczenia się i rozwoju zawodowego w awansie w zawodzie prawniczym. Krajobraz prawny stale się rozwija, regularnie pojawiają się nowe przepisy, regulacje i trendy prawne. Prawnicy, dla których priorytetem jest ciągłe uczenie się i rozwój, czy to poprzez formalne programy szkoleniowe, kursy kształcenia ustawicznego, czy samodzielne studia, są lepiej przygotowani do dostosowywania się do zmian, wyprzedzania konkurencji i doskonalenia się w swojej praktyce. Ponadto zdobywanie profesjonalnych certyfikatów, specjalizacji lub zaawansowanych stopni naukowych może zwiększyć wiedzę specjalistyczną, wiarygodność i atrakcyjność rynkową, otwierając nowe możliwości rozwoju kariery i awansu.

Omówmy wspólne wyzwania i względy związane z dążeniem do awansu i rozwoju kariery w zawodzie prawniczym. Jednym z wyzwań jest zarządzanie oczekiwaniami i harmonogramem awansu — na decyzje dotyczące awansów mogą wpływać takie czynniki, jak kultura firmy, warunki rynkowe i indywidualne wyniki i nie zawsze muszą one pokrywać się z pożądanymi harmonogramami prawników. Cierpliwość, wytrwałość i koncentracja na celach długoterminowych są niezbędne, aby sprostać tym wyzwaniom i utrzymać motywację na ścieżce rozwoju. Ponadto prawnicy powinni aktywnie szukać informacji zwrotnych, identyfikować obszary wymagające poprawy i przejmować odpowiedzialność za rozwój swojej kariery, zamiast czekać, aż pojawią się możliwości.

Podsumowując, awans i rozwój kariery to istotne kamienie milowe w zawodzie prawniczym, stanowiące wyraz uznania dla osiągnięć, wkładu i potencjału awansu prawnika. Koncentrując się na budowaniu wiedzy specjalistycznej, wykazywaniu przywództwa, kultywowaniu relacji i traktowaniu priorytetowo ciągłego uczenia się i rozwoju, prawnicy mogą zapewnić sobie sukces i stworzyć możliwości awansu w swojej karierze prawniczej. Dzięki planowaniu strategicznemu, wytrwałości i dążeniu do doskonałości prawnicy mogą podążać ścieżką awansu i osiągać swoje cele zawodowe w dynamicznej i satysfakcjonującej dziedzinie prawa.

Budowanie swojej praktyki: strategie sukcesu w przedsiębiorczości prawnej

Budowanie skutecznej praktyki prawniczej wymaga czegoś więcej niż tylko wiedzy prawniczej — wymaga wizji przedsiębiorczości, planowania strategicznego oraz zaangażowania w obsługę klienta i rozwój biznesu. W tej obszernej dyskusji omówimy kluczowe elementy budowania skutecznej praktyki prawniczej, od zdefiniowania swojej niszy i przyciągania klientów po zarządzanie operacjami i wspieranie wzrostu.

Przede wszystkim omówmy znaczenie zdefiniowania swojej niszy i zidentyfikowania rynku docelowego. Specjalizacja w określonej dziedzinie prawa pozwala wyróżnić się na tle konkurencji, zdobyć wiedzę specjalistyczną i pozyskać klientów poszukujących specjalistycznych usług. Definiując niszę, weź pod uwagę swoje mocne strony, zainteresowania i doświadczenie, a także zbadaj trendy rynkowe i potrzeby klientów, aby zidentyfikować możliwości rozwoju. Koncentrując swoją praktykę na określonej niszy lub branży, możesz pozycjonować się jako zaufany doradca i ekspert w swojej dziedzinie.

Zagłębmy się teraz w strategie przyciągania klientów i budowania bazy klientów. Niezbędne jest tworzenie sieci kontaktów i budowanie relacji — uczęszczaj na wydarzenia branżowe, dołączaj do stowarzyszeń zawodowych i uczestnicz w grupach networkingowych, aby poszerzać swój zasięg i łączyć się z potencjalnymi klientami i źródłami rekomendacji. Zaistnienie w Internecie za pośrednictwem profesjonalnej strony internetowej, bloga lub mediów społecznościowych może również pomóc w zwiększeniu świadomości na temat Twoich usług i przyciągnięciu klientów poszukujących reprezentacji prawnej. Dodatkowo oferowanie usług o wartości dodanej, takich jak warsztaty edukacyjne lub bezpłatne konsultacje, może pomóc w budowaniu zaufania i wiarygodności wśród potencjalnych klientów oraz wyróżnić Twoją praktykę na tle konkurencji.

Następnie omówmy znaczenie obsługi klienta i jego satysfakcji w budowaniu skutecznej praktyki prawniczej. Zapewnienie wyjątkowej obsługi klienta jest kluczem do przyciągnięcia i utrzymania klientów oraz generowania pozytywnych, ustnych rekomendacji. Komunikuj się jasno i szybko z klientami, skutecznie zarządzaj oczekiwaniami i informuj klientów na każdym etapie procesu prawnego. Aktywnie słuchaj ich obaw, okazuj empatię i zrozumienie oraz staraj się przekraczać ich oczekiwania. Stawiając na pierwszym miejscu satysfakcję klienta i osiąganie wyników, możesz zbudować reputację osoby doskonałej oraz zdobyć zaufanie i lojalność swoich klientów.

Przyjrzyjmy się teraz strategiom zarządzania operacjami i wspierania rozwoju Twojej praktyki prawniczej. Wdrożenie wydajnych systemów i procesów, takich jak oprogramowanie do zarządzania sprawami, systemy rozliczeniowe i narzędzia do automatyzacji dokumentów, może pomóc w usprawnieniu przepływu pracy, poprawie produktywności i poprawie obsługi klienta. Inwestowanie w rozwój zawodowy i kształcenie ustawiczne może również pomóc Ci wyprzedzić trendy branżowe, poszerzyć swój zestaw umiejętności i zapewnić wartość dodaną swoim klientom. Ponadto rozważ strategiczne partnerstwa lub współpracę z innymi specjalistami lub firmami, aby poszerzyć ofertę usług, dotrzeć do nowych rynków i wykorzystać możliwości rozwoju.

Omówmy wspólne wyzwania i rozważania związane z budowaniem praktyki prawnej. Jednym z wyzwań jest efektywne zarządzanie czasem i zasobami — rozpoczęcie i rozwijanie praktyki wymaga znacznej ilości czasu, wysiłku i inwestycji, dlatego ważne jest, aby nadać priorytet działaniom, które przynoszą najwyższy zwrot z inwestycji. Budowanie trwałej bazy klientów wymaga czasu, cierpliwości i wytrwałości, dlatego ważne jest, aby skupiać się na celach długoterminowych, przeżywając wzloty i upadki przedsiębiorczości. Ponadto zdolność do dostosowywania się i reagowania na zmieniające się warunki rynkowe, potrzeby klientów i trendy branżowe jest niezbędna do zachowania konkurencyjności i znaczenia w stale zmieniającym się krajobrazie prawnym.

Podsumowując, budowanie skutecznej praktyki prawniczej wymaga połączenia wiedzy prawniczej, ducha przedsiębiorczości i obsługi zorientowanej na klienta. Definiując swoją niszę, przyciągając klientów, zapewniając wyjątkową obsługę i skutecznie zarządzając operacjami, możesz stworzyć dobrze prosperującą praktykę, która dostarcza wartość klientom i generuje długoterminowy sukces. Wykorzystując planowanie strategiczne, ciągłe uczenie się i dążenie do doskonałości, możesz zbudować praktykę prawniczą, która nie tylko spełnia potrzeby Twoich klientów, ale także spełnia Twoje aspiracje zawodowe i przyczynia się do Twojego sukcesu osobistego i finansowego.

Przejście do partnerstwa: podróż ścieżką do przywództwa w zawodzie prawniczym

Przejście na spółkę partnerską jest znaczącym kamieniem milowym w zawodzie prawnika, reprezentującym uznanie wkładu prawnika, przywództwa i potencjału długoterminowego sukcesu firmy. To przejście wymaga starannego planowania, podejmowania strategicznych decyzji i dążenia do doskonałości w praktyce prawnej i obsłudze klienta. Podczas tej wszechstronnej dyskusji omówimy etapy przejścia do partnerstwa, uwagi dla aspirujących partnerów oraz strategie osiągnięcia sukcesu w tej nowej roli.

Przede wszystkim omówmy kryteria partnerstwa i czynniki, które firmy biorą pod uwagę przy ocenie kandydatów do partnerstwa. Chociaż szczegółowe kryteria mogą się różnić w zależności od wielkości firmy, obszarów praktyki i kultury, wspólne czynniki często obejmują wiedzę i kompetencje prawne, rozwój biznesu i pozyskiwanie klientów, przywództwo i inicjatywę, pracę zespołową i współpracę oraz przestrzeganie wartości i zasad firmy. Prawnicy, którzy wyróżniają się w tych obszarach i wykazują sukcesy oraz potencjał przyszłego przywództwa, są często uważani za silnych kandydatów do partnerstwa.

Przyjrzyjmy się teraz etapom przejścia do partnerstwa. Droga do partnerstwa zazwyczaj rozpoczyna się od formalnego procesu oceny, podczas którego kandydaci są oceniani na podstawie ich wyników, wkładu i potencjału przywódczego w firmie. Może to obejmować przegląd rozliczanych godzin, wysiłków na rzecz rozwoju klienta, wyników spraw oraz wkładu w kulturę firmy i zaangażowanie społeczności. Od kandydatów może być również wymagane wykazanie się zaangażowaniem w wartości i cele firmy oraz poddanie się rozmowom kwalifikacyjnym lub ocenom przeprowadzanym przez kierownictwo firmy lub komitety partnerstwa.

Następnie omówmy rozważania dla aspirujących partnerów i strategie przygotowań do partnerstwa. Niezbędne jest zbudowanie solidnych podstaw w postaci wiedzy prawnej i relacji z klientami — prawnicy powinni skupić się na doskonaleniu swoich umiejętności, doskonaleniu obszaru praktyki oraz kultywowaniu relacji z klientami i źródłami rekomendacji. Ponadto okazywanie przywództwa i inicjatywy w firmie, na przykład mentoring dla młodszych prawników, uczestnictwo w komitetach firmy i przyczynianie się do inicjatyw firmy, może zwiększyć widoczność i wiarygodność oraz zapewnić prawnikom pozycję partnerską. Wreszcie, ważne jest, aby aspirujący partnerzy komunikowali swoje zainteresowanie partnerstwem kierownictwu firmy, starali się uzyskać informacje zwrotne i wskazówki oraz aktywnie wykorzystywać możliwości wzrostu i rozwoju w firmie.

Przyjrzyjmy się teraz korzyściom i obowiązkom partnerstwa w zawodzie prawniczym. Partnerstwo zapewnia prawnikom poczucie własności, autonomii i kontroli nad swoją praktyką, a także dostęp do zasobów firmy, wsparcia oraz możliwości rozwoju i awansu zawodowego. Partnerzy są również odpowiedzialni za zarządzanie firmą, podejmowanie decyzji i planowanie strategiczne oraz mają żywotny interes w sukcesie i rentowności firmy. Dodatkowo partnerstwo niesie ze sobą wzrost prestiżu, rozpoznawalności i potencjału zarobkowego, a także możliwość kształtowania przyszłego kierunku i kultury firmy.

Omówmy wspólne wyzwania i kwestie związane z przejściem do partnerstwa. Jednym z wyzwań jest zarządzanie oczekiwaniami i harmonogramem partnerstwa – podczas gdy niektórzy prawnicy mogą być na dobrej drodze do partnerstwa, inni mogą być zmuszeni do wykazania swojego zaangażowania i możliwości przez dłuższy okres czasu. Ważne jest, aby aspirujący partnerzy wykazywali się cierpliwością, wytrwałością i proaktywnością w dążeniu do swoich celów oraz szukaniu informacji zwrotnych i wskazówek od kierownictwa firmy. Ponadto przejście do partnerstwa wymaga chęci wzięcia na siebie większej odpowiedzialności, zarządzania ryzykiem i dostosowania się do wymagań przywództwa, co może wymagać dodatkowego szkolenia, wsparcia i zasobów.

Podsumowując, przejście na spółkę partnerską jest znaczącym kamieniem milowym w zawodzie prawniczym, reprezentującym uznanie wkładu prawnika, przywództwa i potencjału długoterminowego sukcesu firmy. Koncentrując się na doskonałości prawnej, obsłudze klienta i przywództwie, aspirujący partnerzy mogą zapewnić sobie sukces i wnieść znaczący wkład w rozwój i sukces swojej firmy. Dzięki planowaniu strategicznemu, ciągłemu uczeniu się i dążeniu do doskonałości prawnicy mogą wejść na ścieżkę partnerstwa i osiągnąć swoje cele zawodowe w dynamicznej i satysfakcjonującej dziedzinie prawa.

Technologia w prawie: wykorzystanie innowacji w celu osiągnięcia doskonałości prawnej

Technologia zrewolucjonizowała praktykę prawniczą, umożliwiając prawnikom wydajniejszą pracę, skuteczną komunikację i świadczenie klientom wyjątkowej obsługi. Od automatyzacji dokumentów i e-discovery po sztuczną inteligencję i platformy oparte na chmurze – innowacje technologiczne zmieniają każdy aspekt praktyki prawniczej. Podczas tej wszechstronnej dyskusji zbadamy rolę technologii w zawodzie prawniczym, jej wpływ na praktykę prawniczą i obsługę klienta, a także możliwości i wyzwania, jakie stwarza ona dla prawników i kancelarii prawnych.

Przede wszystkim omówmy znaczenie technologii w zawodzie prawnika. Technologia stała się integralną częścią nowoczesnej praktyki prawniczej, umożliwiając prawnikom usprawnienie przepływu pracy, skuteczniejsze zarządzanie sprawami i zapewnianie klientom lepszych wyników. Od badań prawnych i zarządzania sprawami po sporządzanie dokumentów i komunikację z klientami, narzędzia i platformy technologiczne zwiększają wydajność, produktywność i współpracę w kancelariach prawnych i organizacjach. Wykorzystując technologię, prawnicy mogą pracować mądrzej, a nie ciężej, oraz koncentrować swój czas i zasoby na dostarczaniu klientom usług o wartości dodanej i doradztwie strategicznym.

Przyjrzyjmy się teraz wpływowi technologii na praktykę prawniczą i obsługę klienta. Jedną z najważniejszych zalet technologii jest jej zdolność do automatyzacji rutynowych zadań i procesów, takich jak przeglądanie dokumentów, sporządzanie umów i analiza spraw, dzięki czemu prawnicy mogą skupić się na pracy o większej wartości i podejmowaniu strategicznych decyzji. Ponadto technologia umożliwia prawnikom dostęp do ogromnych ilości informacji i danych prawnych, umożliwiając im prowadzenie kompleksowych badań prawnych, analizę orzecznictwa i precedensów oraz podejmowanie bardziej świadomych decyzji w imieniu swoich klientów. Ponadto technologia ułatwia komunikację i współpracę między zespołami prawnymi i klientami, umożliwiając współpracę w czasie rzeczywistym, bezpieczne udostępnianie plików i wirtualne spotkania, niezależnie od położenia geograficznego i strefy czasowej.

Następnie omówmy możliwości i wyzwania, jakie technologia stwarza dla prawników i kancelarii prawnych. Z jednej strony technologia oferuje ogromne możliwości w zakresie innowacji, wydajności i rozwoju zawodów prawniczych. Wykorzystując postęp technologiczny, prawnicy mogą ulepszyć obsługę klienta, poprawić efektywność operacyjną i zyskać przewagę konkurencyjną na rynku. Co więcej, technologia umożliwia prawnikom poszerzanie zasięgu, pozyskiwanie nowych klientów oraz świadczenie usług prawnych taniej i wygodniej niż kiedykolwiek wcześniej. Z drugiej strony technologia stwarza również wyzwania, takie jak obawy dotyczące bezpieczeństwa danych i prywatności, względy etyczne związane z wykorzystaniem sztucznej inteligencji i uczenia maszynowego oraz potrzeba ciągłego szkolenia i edukacji, aby dotrzymać kroku postępowi technologicznemu.

Przyjrzyjmy się teraz konkretnym przykładom narzędzi i platform technologicznych, które zmieniają praktykę prawniczą. Oprogramowanie do automatyzacji dokumentów, takie jak systemy zarządzania umowami i platformy podpisu elektronicznego, usprawnia sporządzanie i wykonywanie dokumentów prawnych, oszczędzając czas i redukując błędy. Narzędzia do e-discovery i analizy danych umożliwiają prawnikom przeglądanie dużych ilości dowodów elektronicznych, identyfikowanie istotnych informacji i podejmowanie strategicznych decyzji w sporach sądowych i dochodzeniach. Oprogramowanie do zarządzania praktyką, w tym systemy zarządzania sprawami i rozliczeniami, centralizuje informacje o klientach, śledzi rozliczane godziny i usprawnia zadania administracyjne, poprawiając wydajność i obsługę klienta. Ponadto technologie sztucznej inteligencji i przetwarzania języka naturalnego rewolucjonizują badania i analizy prawne, umożliwiając prawnikom szybkie znajdowanie odpowiedniego orzecznictwa, statutów i przepisów oraz wydobywanie spostrzeżeń na poparcie swoich argumentów i strategii prawnych.

Zajmijmy się wspólnymi wyzwaniami i rozważaniami związanymi z przyjmowaniem i integrowaniem technologii z praktyką prawniczą. Jednym z wyzwań jest zapewnienie bezpieczeństwa i poufności danych, szczególnie w przypadku korzystania z platform opartych na chmurze i przechowywania wrażliwych informacji o klientach w Internecie. Prawnicy muszą podejmować proaktywne środki w celu ochrony danych klientów, takie jak wdrażanie szyfrowania, kontroli dostępu i uwierzytelniania wieloskładnikowego, a także przestrzeganie przepisów o ochronie danych i obowiązków etycznych związanych z poufnością klienta. Ponadto prawnicy muszą być na bieżąco z pojawiającymi się technologiami i trendami w krajobrazie technologii prawniczych oraz być przygotowani na odpowiednie dostosowywanie i ewolucję swoich praktyk, aby zachować konkurencyjność i znaczenie w erze cyfrowej.

Podsumowując, technologia zmieniła praktykę prawniczą, umożliwiając prawnikom wydajniejszą pracę, skuteczną komunikację i świadczenie klientom wyjątkowej obsługi. Wykorzystując innowacje technologiczne, prawnicy mogą zwiększyć produktywność, usprawnić przepływ pracy i zyskać przewagę konkurencyjną na rynku. Jednakże przyjęcie i zintegrowanie technologii z praktyką prawniczą wymaga dokładnego rozważenia możliwości i wyzwań, a także zaangażowania w ciągłe uczenie się i adaptację. Wykorzystując technologię w sposób odpowiedzialny i etyczny, prawnicy mogą wykorzystać siłę innowacji, aby osiągnąć sukces i doskonałość w dynamicznej i rozwijającej się dziedzinie prawa.

Praca Pro Bono: służba sprawiedliwości i wzmacnianie społeczności

Praca pro bono, czyli dobrowolne świadczenie usług prawnych potrzebującym osobom i organizacjom, jest kamieniem węgielnym zaangażowania przedstawicieli zawodów prawniczych w dostęp do wymiaru sprawiedliwości i usług publicznych. Dzięki pracy pro bono prawnicy mogą wywrzeć znaczący wpływ na życie osób znajdujących się w niekorzystnej sytuacji, społeczności marginalizowanych i organizacji non-profit, przestrzegając jednocześnie zasad uczciwości, równości i sprawiedliwości. Podczas tej wszechstronnej dyskusji zbadamy znaczenie pracy pro bono, jej wpływ zarówno na prawników, jak i społeczeństwo, a także strategie skutecznego i etycznego angażowania się w usługi pro bono.

Przede wszystkim porozmawiajmy o znaczeniu pracy pro bono w zawodzie prawniczym. Praca pro bono odgrywa kluczową rolę w poszerzaniu dostępu do wymiaru sprawiedliwości dla osób, których nie stać na reprezentację prawną, w tym osób o niskich dochodach, imigrantów, ofiar przemocy domowej i innych osób stojących przed wyzwaniami prawnymi. Świadcząc bezpłatne lub tanie usługi prawne na rzecz społeczności o niedostatecznej dostępności, prawnicy mogą pomóc w wyrównaniu szans, ochronie praw podstawowych i zapewnieniu dostępności wymiaru sprawiedliwości dla wszystkich, niezależnie od statusu społeczno-ekonomicznego czy pochodzenia. Praca pro bono jest również zgodna z etycznymi i zawodowymi obowiązkami prawników, którzy służą interesowi publicznemu i promują praworządność.

Przyjrzyjmy się teraz wpływowi pracy pro bono na prawników i społeczeństwo. Dla prawników praca pro bono oferuje możliwości rozwoju osobistego i zawodowego, rozwoju umiejętności i spełnienia. Angażowanie się w działalność pro bono pozwala prawnikom poszerzyć swoją wiedzę prawniczą, zdobyć praktyczne doświadczenie i wymiernie zmienić życie innych. Praca pro bono wzmacnia także reputację zawodu prawnika i jego zaangażowanie w odpowiedzialność społeczną, zwiększając zaufanie społeczne i zaufanie do systemu prawnego. Z punktu widzenia społeczeństwa praca pro bono przyczynia się do większego dobra, zaspokajając niezaspokojone potrzeby prawne, promując sprawiedliwość społeczną oraz wspierając równość i sprawiedliwość w świetle prawa. Poświęcając swój czas i talenty, aby pomóc potrzebującym, prawnicy odgrywają kluczową rolę we wzmacnianiu społeczności, wzmacnianiu pozycji jednostek i promowaniu wspólnego dobra.

Następnie omówmy strategie skutecznego i etycznego angażowania się w służbę pro bono. Jedną ze strategii jest identyfikacja obszarów potrzeb i możliwości pracy pro bono w Twojej społeczności lub praktyce prawniczej. Może to obejmować współpracę z organizacjami pomocy prawnej, agencjami non-profit lub izbami adwokackimi, które koordynują programy i inicjatywy pro bono, lub poszukiwanie indywidualnych przypadków lub projektów zgodnych z Twoimi zainteresowaniami i wiedzą specjalistyczną. Ponadto ważne jest ustalenie jasnych granic i oczekiwań w przypadku zleceń pro bono, co obejmuje określenie zakresu usług, zarządzanie oczekiwaniami klientów i efektywną alokację zasobów w celu zapewnienia wysokiej jakości reprezentacji. Wreszcie, prawnicy powinni priorytetowo traktować stałą komunikację, współpracę i wsparcie ze strony współpracowników, mentorów i koordynatorów pro bono, aby zmaksymalizować wpływ i skuteczność swoich wysiłków pro bono.

Zajmijmy się powszechnymi błędnymi przekonaniami i wyzwaniami związanymi z pracą pro bono. Jednym z błędnych przekonań jest to, że praca pro bono jest przeznaczona wyłącznie dla prawników posiadających specjalistyczną wiedzę i zasoby. W rzeczywistości prawnicy ze wszystkich środowisk i obszarów praktyki mogą wnieść swój wkład w usługi pro bono, czy to zapewniając bezpośrednią reprezentację prawną, oferując porady i doradztwo prawne, czy też uczestnicząc w działaniach rzeczniczych i inicjatywach politycznych. Kolejnym wyzwaniem jest znalezienie czasu na pogodzenie pracy pro bono z płatną pracą dla klientów i innymi zobowiązaniami zawodowymi. Chociaż praca pro bono wymaga czasu i poświęcenia, prawnicy mogą włączyć usługi pro bono do swojej praktyki, nadając priorytet możliwościom zgodnym z ich zainteresowaniami i harmonogramem oraz wykorzystując zasoby i wsparcie ze strony swojej firmy lub organizacji.

Podsumowując, praca pro bono jest istotnym wyrazem zaangażowania przedstawicieli zawodów prawniczych w dostęp do wymiaru sprawiedliwości, służbę publiczną i odpowiedzialność społeczną. Poświęcając swój czas i talenty na ochotnika, aby pomóc potrzebującym, prawnicy mogą wywrzeć znaczący wpływ na jednostki, społeczności i społeczeństwo jako całość. Poprzez pracę pro bono prawnicy stoją na straży zasad uczciwości, równości i sprawiedliwości oraz przyczyniają się do tworzenia bardziej sprawiedliwego i godziwego systemu prawnego dla wszystkich. Uznając usługi pro bono za podstawową wartość i odpowiedzialność zawodową, prawnicy mogą pomóc w zapewnieniu, że obietnica sprawiedliwości będzie dostępna dla każdego, niezależnie od jego możliwości finansowych.

Globalne praktyki prawne: poruszanie się po zawiłościach prawa międzynarodowego

Globalne praktyki prawne obejmują szeroki zakres usług prawnych i działań wykraczających poza granice państw, służąc klientom o różnorodnych potrzebach i interesach w coraz bardziej połączonym świecie. Od międzynarodowych korporacji i organizacji międzynarodowych po osoby prywatne i rządy – klienci szukają porad prawnych i reprezentacji w różnych kwestiach transgranicznych, w tym w handlu międzynarodowym, inwestycjach, imigracji i prawach człowieka. Podczas tej wszechstronnej dyskusji zbadamy naturę globalnych praktyk prawnych, wyzwania i możliwości, jakie stwarzają one dla prawników, a także strategie poruszania się po zawiłościach prawa międzynarodowego.

Przede wszystkim omówmy charakter globalnych praktyk prawnych i rodzaje oferowanych przez nie usług. Globalne praktyki prawne obejmują szerokie spektrum usług prawnych, w tym między innymi prace transakcyjne, rozwiązywanie sporów, zgodność z przepisami i usługi doradcze. Prawnicy pracujący w globalnych praktykach prawnych mogą specjalizować się w różnych obszarach prawa międzynarodowego, takich jak handel międzynarodowy i inwestycje, prawo korporacyjne i handlowe, arbitraż i rozstrzyganie sporów, prawa człowieka i prawo humanitarne lub transgraniczne spory sądowe i egzekwowanie prawa. Prawnicy ci doradzają klientom w szerokim zakresie zagadnień transgranicznych, w tym fuzji i przejęć, wspólnych przedsięwzięć, transakcji transgranicznych, ochrony własności intelektualnej, zgodności z przepisami i sporów międzynarodowych.

Przyjrzyjmy się teraz wyzwaniom i możliwościom, jakie stwarzają globalne praktyki prawne. Jednym z wyzwań jest poruszanie się po zawiłościach prawa międzynarodowego, co może wiązać się z poruszaniem się po różnych systemach prawnych, językach, kulturach i ramach regulacyjnych w wielu jurysdykcjach. Prawnicy muszą posiadać silne umiejętności analityczne, kompetencje kulturowe i umiejętności komunikacji międzykulturowej, aby skutecznie reprezentować klientów w globalnych sprawach prawnych. Ponadto globalne praktyki prawne wymagają od prawników śledzenia na bieżąco zmian w prawie międzynarodowym, światowych trendów i pojawiających się problemów, które mogą mieć wpływ na interesy i działalność ich klientów. Wymaga to ciągłego szkolenia, edukacji i rozwoju zawodowego, aby utrzymać wiedzę i kompetencje w tej dziedzinie.

Następnie omówmy strategie poruszania się po zawiłościach prawa międzynarodowego i budowania skutecznej globalnej praktyki prawnej. Jedną ze strategii jest pogłębienie zrozumienia ram prawnych i regulacyjnych regulujących transakcje i spory międzynarodowe, w tym międzynarodowych traktatów, konwencji i międzynarodowego prawa zwyczajowego. Adwokaci powinni także utrzymywać relacje z lokalnymi radcami prawnymi, ekspertami i interesariuszami w kluczowych jurysdykcjach, aby zapewnić klientom kompleksowe porady prawne i reprezentację. Ponadto prawnicy powinni wykorzystywać technologię i zasoby, takie jak bazy danych badań prawnych, narzędzia do tłumaczeń językowych i międzynarodowe sieci prawne, aby uzyskać dostęp do informacji, współpracować ze współpracownikami oraz skutecznie i skutecznie obsługiwać klientów ponad granicami.

Zajmijmy się powszechnymi błędnymi przekonaniami i wyzwaniami związanymi z globalnymi praktykami prawnymi. Jednym z błędnych przekonań jest to, że globalne praktyki prawne są przeznaczone wyłącznie dla dużych, międzynarodowych kancelarii prawnych lub prawników z dużym międzynarodowym doświadczeniem. W rzeczywistości prawnicy ze wszystkich środowisk i dziedzin praktyki mogą angażować się w globalną praktykę prawną, czy to reprezentując międzynarodowe korporacje, doradzając osobom fizycznym w transakcjach transgranicznych, czy też działając na rzecz praw człowieka i sprawiedliwości społecznej na arenie międzynarodowej. Kolejnym wyzwaniem jest zapewnienie zgodności z lokalnymi przepisami i regulacjami w wielu jurysdykcjach, co może wymagać koordynacji z lokalnym prawnikiem, agencjami rządowymi i organami regulacyjnymi w celu poruszania się w złożonym środowisku prawnym i minimalizowania ryzyka prawnego dla klientów.

Podsumowując, globalne praktyki prawne odgrywają kluczową rolę w zaspokajaniu różnorodnych potrzeb i interesów klientów w coraz bardziej połączonym świecie. Zapewniając porady prawne i reprezentację w kwestiach transgranicznych, globalne praktyki prawne pomagają klientom poruszać się po zawiłościach prawa międzynarodowego, poszerzać swój globalny zasięg oraz osiągać cele biznesowe i prawne. Prawnicy pracujący w globalnych praktykach prawnych muszą posiadać silne umiejętności analityczne, kompetencje kulturowe i umiejętności komunikacji międzykulturowej, aby skutecznie reprezentować klientów w globalnych sprawach prawnych. Wykorzystując wyzwania i możliwości globalnej praktyki prawnej, prawnicy mogą wywrzeć znaczący wpływ na osoby, organizacje i społeczeństwa na całym świecie, wspierając sprawiedliwość, uczciwość i praworządność w skali globalnej.

Wniosek

Podsumowując, zawód prawniczy to dynamiczna i wieloaspektowa dziedzina, która obejmuje szeroki zakres obszarów praktyki, specjalizacji i ról. Od aspirujących studentów prawa rozpoczynających swoją drogę edukacji prawniczej po doświadczonych prawników radzących sobie ze złożonymi kwestiami prawnymi i globalnymi wyzwaniami – zawód prawniczy oferuje możliwości rozwoju, uczenia się i wywierania wpływu na każdym etapie kariery.

W trakcie tej wszechstronnej dyskusji zbadaliśmy kluczowe tematy i wątki istotne zarówno dla początkujących, jak i praktykujących prawników, w tym edukację prawniczą, rozwój kariery, etykę zawodową i rolę technologii w prawie. Omówiliśmy znaczenie podstawowych umiejętności, takich jak badania i pisanie tekstów prawnych, komunikacja z klientem i etykieta na sali sądowej, a także bardziej zaawansowane tematy, takie jak techniki negocjacji, budowanie sieci zawodowej i przejście do partnerstwa.

Zbadaliśmy także szerszy kontekst praktyki prawniczej, w tym wpływ globalizacji, rozwój technologii oraz rosnące zapotrzebowanie na usługi pro bono i odpowiedzialność społeczną. Stawiając na innowacje, różnorodność i zaangażowanie w świadczenie usług, prawnicy mogą poruszać się po zawiłościach zawodu prawniczego, wnosić znaczący wkład na rzecz swoich klientów, społeczności i społeczeństwa oraz stać na straży zasad sprawiedliwości, uczciwości i praworządności.

Ponieważ krajobraz prawniczy stale ewoluuje i dostosowuje się do zmieniających się trendów społecznych, ekonomicznych i technologicznych, prawnicy muszą pozostać elastyczni, elastyczni, elastyczni i zaangażowani w uczenie się przez całe życie i rozwój zawodowy. Pozostając na bieżąco, zaangażowani i proaktywni w swoim podejściu do praktyki prawniczej, prawnicy mogą zapewnić sobie sukces i spełnienie w dynamicznej i satysfakcjonującej dziedzinie prawa.

Ostatecznie zawód prawnika oferuje nieograniczone możliwości rozwoju, wywierania wpływu i obsługi, a od każdego prawnika zależy wytyczenie własnej ścieżki, realizowanie swoich pasji i zmienianie świata poprzez swoją pracę. Niezależnie od tego, czy opowiadają się za sprawiedliwością na sali sądowej, doradzają klientom w złożonych kwestiach prawnych, czy też przyczyniają się do większego dobra poprzez usługi pro bono i pracę w interesie publicznym, prawnicy mają moc kształtowania przyszłości prawa i społeczeństwa na lepsze.